美丽中国系列
Beautiful China

100名寺古刹畅游通

李良才 主编
壹号图编辑部 编著

江苏凤凰科学技术出版社

图书在版编目（CIP）数据

100名寺古刹畅游通 / 李良才主编；壹号图编辑部编著. -- 南京：江苏凤凰科学技术出版社，2017.11（2018.2重印）
（含章. 美丽中国系列）
ISBN 978-7-5537-5112-2

Ⅰ. ①1… Ⅱ. ①李… ②壹… Ⅲ. ①寺庙－介绍－中国 Ⅳ. ① K928.75

中国版本图书馆 CIP 数据核字 (2017) 第 219002 号

100名寺古刹畅游通

主　　编	李良才
编　　著	壹号图编辑部
责任编辑	张远文
责任监制	曹叶平　方　晨
出版发行	江苏凤凰科学技术出版社
出版社地址	南京市湖南路1号A楼，邮编：210009
出版社网址	http://www.pspress.cn
印　　刷	北京旭丰源印刷技术有限公司
开　　本	718mm × 1 000mm　1/16
印　　张	16
字　　数	350 000
版　　次	2017年11月第1版
印　　次	2018年2月第2次印刷
标准书号	ISBN 978-7-5537-5112-2
定　　价	49.80元

前言

秀美的自然山水，你曾游览过几次？幽静的古寺名刹，你又去过几回？旅行本身就是一种自我修行，同样需要选择前往的地方。佛教从东汉时期传入我国，之后不断地发展和壮大，不仅寺院众多，各个宗派分支也逐渐形成，比如律宗、禅宗、华严宗等。与此同时，高僧辈出，像玄奘西去天竺求取真经，鉴真东渡日本宣扬佛法，六祖慧能开辟南禅一派等，都对当时的社会生活产生了影响。

如今无论是山水幽境，还是喧嚣闹市，都会有名寺古刹的身影。你可以在沈阳北塔法轮寺的白塔前驻足，可以到海南南山寺的观音铜像脚下听潮，可以去上海报国寺的亭廊里品茗，可以在拉萨大昭寺的殿堂中上香，也可以在河南嵩山少林寺欣赏武术，无论东南西北，总有你想去的那一座。一座寺院的兴衰就是一部历史的书卷，它承载着文化和信仰，如今无论从寺院的殿宇、佛像、佛经，还是从依旧传承着佛教文化的僧人身上，我们都可以找到时代的气息，历史的印记，文明的遗迹。

当你走在幽静的寺院深处，看那一道高墙里，有高阁殿堂耸立，草木苍翠，僧人漫步在缭绕的香烟里，手中的念珠一颗颗从指尖滑过。隐隐约约的钟声从黎明的晨光里传来，从黄昏的暮色里传来，回荡在幽谷高山，那何尝不是我们心中向往的一处净土呢？大多数寺院都修建在山林深处，就是为了让僧人忘掉喧嚣与浮世，静下心来修行，这也许就是大自然的力量吧。让我们在山水之间慢慢欣赏美景的时候，细细体会自然，也体会我们的生活。

本书精心挑选出了全国各地100座名寺古刹，为读者提供了一幅辽阔的寺庙图卷，让你更加清晰地看到各个地区庙宇的特色。《100名寺古刹畅游通》不仅给读者提供了古寺的历史文化信息，同时还将给读者带来别样的艺术审美享受。

目录

第一章
华北地区名寺古刹

第二章
西北和东北地区名寺古刹

第三章
华南和华中地区名寺古刹

第四章
华东地区名寺古刹

第五章

西南地区名寺古刹

第一章

华北地区名寺古刹

红螺寺 京北第一古刹

享有“京北第一古刹”之称的红螺寺，位于北京市怀柔区北部的红螺山南麓，历史悠久，风景秀丽，文化氛围浓郁。它始建于东晋时期，初名为“大明寺”，相传后来因红螺仙女而改为“红螺寺”。自古就有“南有普陀，北有红螺”之说，由此可见，红螺寺在佛教历史中的崇高地位。

石阶院落掩映在苍翠中，只得瞥见一角，使得古寺更加清幽。

据说红螺寺开山鼻祖佛图澄由梦指引来到中国北方，寻找佛教发祥地，然而 20 多年仍毫无进展，直到途经渔阳城发现红螺山有佛祖成道的瑞象，故而圆梦，在此建寺并取名“大明寺”，这就是红螺寺的前身。然而怎么又改成红螺了呢？其中还有一个更具有奇幻色彩的故事，相传天上的玉皇大帝有两个女儿来到这里，化身成红螺，隐匿在湖中。没人知道她们为何而来，纷纷猜测，有人说是她们贪恋人间美景，有人说为拯救黎民百姓，说法不一，十分神秘。于是，“红螺”就取代了原名，直到今天依然散发着古朴的魅力。

伴着杳渺钟声步入寺中，香烟缭绕，随风飘过常青的松柏，在大殿和厢房的门前徜徉。白塔清秀，古木遮天，石阶院落掩映在一片苍翠中，只得瞥见一角，楼阁一角飞出，最前端高挂着一只风铃，铃音脆亮，传入山林，显得愈发幽静恬适。寺院分成 5 处院落，住房有 244 间。中部院落沿山门、天王殿、大雄宝殿、三圣殿主轴伸展，其他配殿、禅房分居两侧，美景星星点缀，令人目不暇接。提到红螺寺的风景，明朝马文卿的《游红螺寺》写得尤为传神，“虹霓林麓光遥度，老蜃楼台影倒悬。百丈峰头近北斗，错疑胜地吐龙泉”，值得细细品赏一番。诗中暗藏的“三绝景”就是红螺寺美景的代表，它们分别是紫藤寄松、御竹林和雌雄银杏，风景别致。

白塔清秀，体态优美，雕刻技艺精湛，古木遮天。

初临山门，迎面看到“红螺三绝景”之一的“御竹林”，绿竹簇拥，苍翠欲滴，一阵风起，竹林声如潮涌一般，姿态婆娑，

两棵高大的古银杏树，彼此相依而立，仿佛一对举案齐眉的夫妻，因此有人称它们为“夫妻树”。

旅游小贴士

地理位置：北京市怀柔区

最佳季节：9 ~ 10 月

开放时间：08:00 ~ 18:00

旅游景点：御竹林、雌雄银杏、紫藤寄松、天王殿、大雄宝殿

惹人怜爱，难怪清帝康熙也为之动心。据说，这片竹林原为元代云山禅师栽种，距今已有 600 多年的历史。康熙皇帝当年来红螺寺上香，无意中发现了它，因观其翠竹称赞不已，叮嘱僧人和当地官员多加保护，从此，人们就称这片竹林为“御竹林”。现代补建的观竹亭就屹立在竹林西侧，来者可在此欣赏竹林美景，回味悠悠岁月，意味深远。

穿过山门，来到大雄宝殿前，两棵高大的古银杏树，彼此相依而立，仿佛一对举案齐眉的夫妻，因此有人称它们为“夫妻树”，这就是“红螺三绝景”中的雌雄银杏。千百年来，这两棵树历经四时变幻、风霜雨雪的侵袭，依旧身姿挺拔，枝叶浓密。其中稍大的雄树每年春来黄花满枝，秋天却不见果；略小的雌树则是春天不见花，秋天果实累累，实为奇特。

绕过大雄宝殿，三圣殿前的院落西边正是“红螺三绝景”中的紫藤寄松。站在远处，只见藤条漫卷，松蔓早已连为一体，其中一棵平顶松拔地而起，耸入云霄，枝杈平展，两条藤萝仿佛巨蟒从低处盘起，沿树枝缠绕游走。站在树下，好似巨伞遮顶一般，阳光透过密密的树叶，只能在地上留下点点斑驳的影子。每年五月初来寺就能看到紫花次第开放，迎风送香；到了秋季，叶子变黄或泛红，松树仿佛披上一身彩装，光艳夺目，美不胜收……

紫藤寄松由一棵平顶松和两棵紫藤组成。平顶松拔地而起，枝杈平展，两棵藤萝仿佛巨蟒从低处盘起，沿树枝缠绕游走。

潭柘寺 燕都华严宗立宗之地

作为北京最古老的寺院，今天的潭柘寺从西晋永嘉年间建立的“嘉福寺”算起，已经有 1700 多年历史了。民间素有“先有潭柘寺，后有北京城”一说，也足以说明潭柘寺的古老。回首沧桑，往事如烟，曾经的一切都已远去，留下的故事依然还在传颂。潭柘寺从未被遗忘，由于地靠都城，它受到了历代帝王的青睐，在清朝时期最为鼎盛。康熙曾为潭柘寺赐名“岫云寺”，还为震寰和尚题诗：“法像俨然参涅槃，皆因大梦住山间。若非明锦当合法，笑指真圆并戒坛。”此外，雍正的《潭柘寺》、乾隆的《猗亭小诗》、嘉庆的《初游潭柘岫云寺作》都能够说明这点。

玉兰花绽放在枝头上，素雅清淡，香远益清，符合古寺的气韵。

旅游小贴士

地理位置： 北京市门头沟区

最佳季节： 四季皆宜

开放时间： 08:20 ~ 16:30

旅游景点： 平原红叶、九龙戏珠、千峰拱翠、殿阁南薰

建筑上的黄色琉璃瓦。

石鱼可谓潭柘寺一宝，高高悬挂在龙王殿上，来往游人无不惊叹。

金刚延寿塔造型优美，雕刻技艺精湛，具有很高的审美价值。

潭柘寺依山而建，殿堂错落有致，鼎盛时期，寺中有房屋999间半，宛如北京故宫的缩影，一时香客云集，场面宏大。据北京门头沟的老人们讲述，潭柘寺源自一个传说。话说当年佛教的华严宗高僧华严和尚想在幽州开山立宗，于是拜访都督张仁愿，商求建寺之地，张仁愿答应了，但是华严祖师想要的地方在潭柘山嘉福寺附近，属于姜氏和刘氏的土地，两人吝啬，可是祖师却说只要一毯之地，便答应了。结果华严祖师将布毯抛向空中，布毯越变越大，盖住了几座大山，两人目瞪口呆，连忙喊停，一看乃是真佛降世，心悦诚服，于是华严祖师就在嘉福寺的基础上重建庙宇。鉴于这个故事，它一直被称作“毯遮寺”。又因寺院后山有两股丰盛的泉水汇入龙潭，水流绕行寺院，山上柘树繁盛，寺名慢慢就演变成了“潭柘寺”。

寺庙地处深山，林木茂密，往返十分不便，为此朝拜者开辟了许多条古香道，比较有名的如：从卢沟桥，过长辛店、石佛村，翻罗睺岭至潭柘寺的“芦潭古道”；从石景山过永定河，经卧龙岗，越罗睺岭抵达潭柘寺的“庞潭古道”；出门头沟永定镇，经何各庄，翻过红庙岭，由桑峪到达潭柘寺的“新潭古道”等。条条古道通向深山里的潭柘寺，当你也踏上这些古道，不知能否感受到那一路的赤诚？

来到山门外，一对石狮，两株古松，后面高耸着一座三楼四柱的木牌坊，十分宏伟。过牌坊，怀远桥直入山门。按照潭柘寺的布局来看，沿山门一路为中轴，之后天王殿、大雄宝殿、斋堂和毗卢阁依次排开，东边是方丈院、延清阁、行宫院、万寿宫和太后宫，西边有戒台和观音殿等，三路保持平行。院落中林木葱郁，亭台兀立，石碑处处点缀，像一枚枚夹在书卷中的书签，镌

刻着时间的记忆，还有 71 座砖塔和石塔构成的塔林，庄严肃穆，受人瞻仰，其中金刚延寿塔造型优美，雕刻技艺精湛，具有很高的审美价值。

从中路进发，来到天王殿。殿前一口宝锅，据说是和尚们炒菜所用，煮粥时，一次能放入 10 石米，要熬个通宵才能煮熟，让人惊叹不已。殿中弥勒像正坐，背面韦驮菩萨，高大的四大天王屹立两侧，神情凛然。大殿两边是钟鼓楼，后为大雄宝殿，抬头仰望，只见琉璃瓦耀眼夺目，光芒四射。正脊两端各有碧绿的鸱吻，在阳光的映照下，仿佛活动的神兽。重檐庑殿顶，檐梢微微上翘，各种精美装饰依次排开，金光闪闪，令人眼花缭乱。步入殿内，佛祖塑像在香烟中若隐若现，“阿难”“伽叶”侍奉左右，神态虔诚。中轴线终点一直到毗卢阁，站在此处，寺庙和远山美景都可尽收眼底。

东西路的建筑和景致也十分美丽，幽静闲适，使人心旷神怡。其中龙王殿的石鱼，令游客称奇，除此之外，寺中的玉兰花自然也不能错过，还有“潭柘十景”，都等待着你的到来。

赑屃驮碑卧在石阶下，碑身字迹虽早已模糊，但是龙凤呈祥的雕刻精妙绝伦。

林木葱郁，掩映着古朴的塔身。

戒台寺 “天下第一戒坛”圣地

古塔高耸，层层塔檐犹如散开的花瓣，迎风展开，极为美观。

戒台寺地处北京市门头沟区的马鞍山，寺庙始建于唐代，历史悠久。起初名为慧聚寺，到了明朝时，英宗将其改为“万寿禅寺”，但是这个名字一直鲜为人知，倒是“戒台寺”却广为流传。如果你去过戒台寺，自然便知道其中的缘由，是因为寺内保留着全国最大的佛教戒坛。

远看戒台寺，苍松郁郁葱葱，幽静的感觉油然心生。古塔高耸，只见层层塔檐犹如散开的花瓣，迎风展开，极为美观。来到寺前，山门殿是第一关，作为南轴线上的门户，它气势逼人。门口一对石狮子，站立左右，旁边是“万寿寺戒坛碑记”，据说，由清朝康熙皇帝亲笔撰文，意义非凡。抬头可见单檐庑殿顶，飞檐横空，角上坠挂风铃，声音清脆而悠远。檐下门额正中“山门殿”三字最为抢眼，金光闪闪。穿堂过殿，彩绘的泥塑护法，坐镇两旁，巍然高大。

过了山门殿，迎面看到天王殿，屋顶平阔，檐角略微上翘，仿佛大鹏展翅一般，青绿琉璃瓦在阳光下分外明艳，使人眼花缭乱。走进大殿，弥勒佛的一张笑脸首先映入眼帘，憨态可掬，神情悠然，护法韦驮金身放光，站立背后，四大天王身形高大，姿态各异，目光炯炯，盛气凌人。

天王殿后面，有一处高台突起，这里就是全寺的中心——大雄宝殿。大雄宝殿是戒台寺最辉煌的佛殿，站在门外便可以感觉到那种威武的气势。门额横匾上的游龙雕刻，惟妙惟肖，一派福瑞之象，题字“莲界香林”，为乾隆皇帝手书。跨过门槛，迎面望去，屋顶上各式的木雕令人眼花缭乱，梁栋之间又是 3 条腾龙雕塑，缠绕翻转，借着上升的香烟，仿佛在祥云中舞动一般，让人叹服。正下方的汉白玉石座上，释迦牟尼佛居中而坐，阿弥陀佛和药师佛静立左右，神态虔诚，好像正在倾听佛祖讲经说法。

来到院中，耳边回荡着钟声，朝着声音传来的地方走去，一座卷棚顶的钟亭渐渐浮现眼前，4 根柱子斜叉开来，亭子中高悬着一口大钟，钟上云纹图案醒目，刻字“大明景泰年月日制”。据说，曹雪芹的祖父曹寅曾写过一首《马上望戒坛》：“白云满山谁打钟？马首西来路不逢。据此相看如一梦，因缘还欠戒台松。”可见戒台寺的钟声名气不小。

旅游小贴士

地理位置：北京市门头沟区

最佳季节：四季皆宜

开放时间：08:00 ~ 18:00

旅游景点：戒坛、山门殿、牡丹院、千佛阁

钟上云纹图案醒目，刻字“大明景泰年月日制”，曹雪芹的祖父曹寅曾为戒台寺的钟声写过诗。

苍松葱茏，势如游龙出海，根系扎入岩石之中，迎风而立，气度不凡。

位于西北院的“天下第一戒坛”，可是戒台寺的镇寺之宝，不知多少人远道而来就是为了一睹尊容。走上前去，汉白玉方台四周 113 尊戒神刻像呈众星捧月之势簇拥着坛上释迦牟尼坐像，佛祖跟前，10 把木椅依次排开，和尚受戒时便坐在这里。与戒坛相配的戒台大殿正门上方金匾高挂，殿内金佛百尊，熠熠生辉，神态各不相同，雕刻技艺精湛，栩栩如生。仰视天顶色彩斑斓，更是让人眼花缭乱，木雕瑞兽和梁宇井阁浑然一体，气势磅礴。

转到千佛阁，香樟木雕的弥勒佛席地而坐，身披金黄绸缎，神态嬉笑。与其他佛尊不同，这位弥勒佛并非供奉在高阁大殿之上，而是露天在外，或许这样显得与人更为亲近。在佛像前的香炉中，青烟袅袅直上青天，寄托着民众的虔诚和期望。此外，牡丹院与千佛阁南北相对，一个是灵气的佛国，另一个是富贵的花海，风光各异，但都是人间罕有。花香弥漫，佛音阵阵，戒台寺永远都是一处净土。

弥勒佛位于室外，身披金黄绸缎，席地而坐，笑脸迎人。

碧云寺 香山脚下的千年古刹

碧云寺始称碧云庵，相传为耶律楚材后裔耶律阿勒弥舍宅所建。一直到了明朝正德年间，御马监太监将其扩建，并且改碧云庵为碧云寺，之后魏忠贤又重修碧云寺。民国时期，孙中山先生在北京逝世，灵柩曾停放在寺院后殿，为此，后殿改名为中山纪念堂，这座千年的古寺又增添了几分别样的气质。

这座寺庙依山而建，坐西朝东，殿宇错落有致。山门、弥勒殿、释迦牟尼殿、菩萨殿、中山堂、金刚宝座塔坐落于中轴线上，左右有配殿、厢房等建筑。寺南侧有罗汉堂，寺北侧有水泉院。来到寺院山门，第一眼就是须弥座上的一对石狮子，威严冷傲，气势逼人。穿过山门，石桥尽头，就是山门殿了。灰色的筒瓦密密铺满屋顶，略微上翘的飞檐下斗拱

旅游小贴士

地理位置：北京市海淀区

最佳季节：四季皆宜

开放时间：08:00 ~ 16:30

旅游景点：塔院、镇墓兽、纪念堂、水泉院、哼哈二将

石雕牌坊上的图案。

金刚宝座塔宏伟壮丽，密密的塔檐鳞次栉比，徐徐升上塔尖，直冲霄汉。

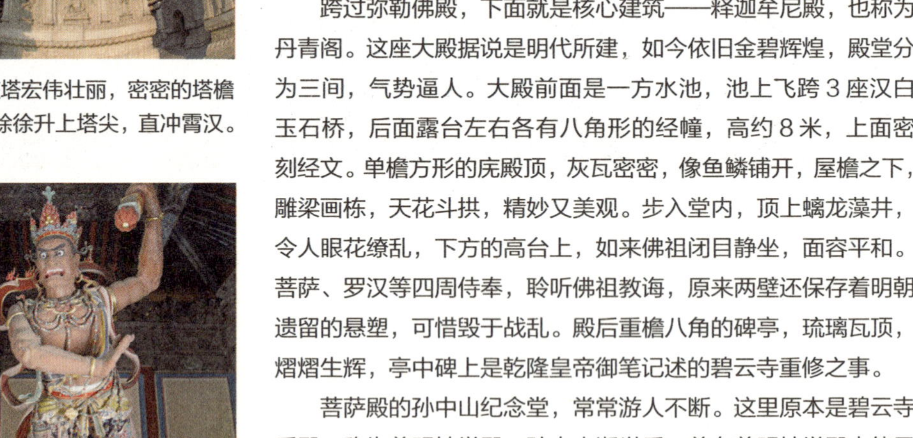

结构精巧相接，尽管殿内的金刚力士已毁，但是山门殿的气势依旧不减当年。紧跟着是哼哈二将殿，面阔三间面向东方，歇山式屋顶上密铺青灰色的瓦，飞檐微翘，下面斗拱构造精巧。殿内有两尊泥质彩塑，接近 5 米高，分立两侧，面部神态威严，加上鲜艳的色彩，栩栩如生。

跨过弥勒佛殿，下面就是核心建筑——释迦牟尼殿，也称为丹青阁。这座大殿据说是明代所建，如今依旧金碧辉煌，殿堂分为三间，气势逼人。大殿前面是一方水池，池上飞跨 3 座汉白玉石桥，后面露台左右各有八角形的经幢，高约 8 米，上面密刻经文。单檐方形的庑殿顶，灰瓦密密，像鱼鳞铺开，屋檐之下，雕梁画栋，天花斗拱，精妙又美观。步入堂内，顶上螭龙藻井，令人眼花缭乱，下方的高台上，如来佛祖闭目静坐，面容平和。菩萨、罗汉等四周侍奉，聆听佛祖教诲，原来两壁还保存着明朝遗留的悬塑，可惜毁于战乱。殿后重檐八角的碑亭，琉璃瓦顶，熠熠生辉，亭中碑上是乾隆皇帝御笔记述的碧云寺重修之事。

菩萨殿的孙中山纪念堂，常常游人不断。这里原本是碧云寺后殿，称为普明妙觉殿。孙中山逝世后，曾在普明妙觉殿中停灵 4 年，1954 年，殿宇改成中山纪念堂，用来缅怀这位伟人。纪念堂面阔五间，中山先生半身像位于正厅，旁边有口玻璃盖钢，雕满精美花纹的大理石须弥座上书写着《孙中山先生致苏联书》。

以上只是碧云寺的粗略描述，寺中其实还藏有很多美景，如清幽宁静的水泉院，松柏常青，树木参天，其中三代树更是远近驰名，到了碧云寺，如果不去水泉院看看，那可是一大遗憾……

神像高大，面目狰狞，使人敬畏，通身彩绘明艳，挥刀舞剑，斥退妖魔鬼怪。

云居寺 北京的“敦煌”

坐落在北京市房山区的云居寺是我国北方有名的古寺，相传其为高僧静琬在隋唐时期创建，初名为“智泉寺”，之后改成“云居寺”，如今已历经千年岁月，依旧巍然矗立，享受四方朝拜，香火不息。除去天下闻名的佛祖舍利，云居寺的“三绝”同样声名远播，据说，唐代的《开元大藏经》和辽代的《契丹藏》原本虽早已遗失，然而寺中依然保留着它们的石刻经文，可谓意义重大，研究价值极高。

楼阁按照布局错落有致，充分体现出了古代寺院建筑规格的传统。

云居寺的建筑依山而建，宏伟壮丽。初入寺庙，可见阁楼林立，精美的屋顶，巧妙的重檐，青色的瓦，朱红的柱，不禁让人惊叹。苍翠的松柏密铺其中，树下隐藏着连通前后殿堂和院落的石阶，蜿蜒伸展。香炉里飘出的青烟浮在楼阁和树木之间，古寺显得越发寂静了。透过树枝，远眺冲出绿影的高塔，更加清秀迷人。

云居寺有 7 座唐塔，5 座辽塔，也算一绝。辽塔又名“罗汉塔”，由砖石砌成，30 多米高，八角形塔座上阁楼两层，又配“十三天”塔刹，外观优美，造型奇特。唐塔则为 7 层正方形的石塔，塔身密布各种佛像雕刻，塔檐分为单檐和密檐，大致相同。借着山势，看高塔耸立，这些无言的丰碑记录了历史，也记录了古老的文明。

来到云居寺，必看佛祖舍利。传说在佛祖释迦牟尼坐化后，结成了类如珠状的物体，佛家称之为舍利，拥有舍利的寺庙便有佛祖的护佑，然而，并不是所有的寺院都能获得，因此佛祖舍利就显得尤为珍贵。在我国供奉舍利的地方并不多，除了北京八大处的佛牙、陕西西安法门寺的佛指，就数云居寺的两颗赤色肉舍利了。这也是云居寺备受推崇，闻名遐迩的原因之一。

香炉外观精美，层层耸立如塔一般，周身悬挂铃铛，一阵风吹过，叮叮作响。

如今，佛祖舍利已经被盛放在殿堂之中，受世人瞻仰。院落中古木苍郁，衬着高阁，气势恢宏，飞檐平阔外展，屋脊上鸱吻相对，青瓦如鱼鳞密密合扣，线条流畅美观。殿前开阔，大理石围栏横绕，一排石阶，层层升入殿门口，雕梁画栋，斗拱天花，格外醒目。双柱上，对联金字放光，横额匾“佛祖舍利”4 个大字从右向左铺开，匾额下面绣有腾龙图案的帷幔高挂。进入堂内，玲珑石塔坐落正中，佛祖舍利就放在里面，这里的香火长年不断，人们来往参拜，祈福还愿。

云居寺的“三绝”和千年古塔同样备受世人瞩目。当你进入了云居寺的石经地宫，自然就会知道“三绝”即是石经、纸经、木版经。作为佛教的经籍圣地，云居寺一直享有“北京的敦煌”等美誉，其中“石刻佛教大藏经”“房山石经”等刻于隋代，历史悠久，价值贵重，堪称精品。同时经历朝历代留存下来的佛经典籍数目惊人，举世罕见，可谓是佛教史上的“京杭大运河”。

接下来，石经山的藏经洞可得去观赏一番，其中雷音洞就是当年发现佛祖舍利的洞窟，洞内宽广，四面墙壁上有大量的经板，都是高僧静琬所刻，4 根石柱上雕刻有千尊佛像，极为精妙。在这里，当看到四面的经文，那密密麻麻的字迹不禁让人感叹古代僧侣的坚韧与执着。

旅游小贴士

地理位置： 北京市房山区

最佳季节： 春夏秋季

开放时间： 08:30 ~ 16:30

旅游景点： 云居寺三绝、北塔、佛祖舍利、唐塔、藏经洞

在雷音洞发现的佛祖舍利现供奉在大殿之中的小塔内，属于镇寺之宝。

石经地宫是云居寺重要的藏经地，其中各类文物十分珍贵，研究价值极高。

智化寺 明代古寺

说起智化寺，北京东城区一带的老人们总是津津乐道，打开话匣子，能从明朝不停地说到时下，滔滔不绝，比书上的文字有趣多了。话说智化寺始建于明朝英宗年间，皇帝御赐“报恩智化禅寺”一名，原是宦官王振的家庙，随着朝代更迭，寺庙也由盛转衰。直到新中国成立之后，智化寺才得到全面的修缮，从此焕然一新。

现在的智化寺已经被列入了全国重点文物保护单位，幽静的古寺又为我们保留了一处古老的记忆。智化寺的布局和大多数寺院基本一样，从山门进入，一路可以见到钟鼓楼、智化门、智化殿以及两侧的配殿，再向后便是如来殿、大悲堂等。但是，当你细细欣赏的时候，会发现一些与众不同的角落，那里就是岁月珍存的宝藏。

从南边的山门踏入智化寺，迎面可见一对石狮子格外威武，后面山门面阔三间，拱券门上额刻字“敕赐智化寺”十分醒目，单檐歇山式屋顶上铺满黑色的琉璃筒瓦，规整密集。走进庭院，

殿堂内天顶彩绘使人目不暇接，堂上三世佛端坐。

钟鼓楼东西站立，构建样式基本相同，都分为上、下两层，底座呈正方形，上层偏小，飞檐之下单昂三踩斗拱精妙绝伦，处处可见古人的高超技艺。

徜徉在智化寺的寺院中，不要焦急地寻找，让自己放空心灵，享受着暖暖的阳光和微风。继续向前，智化门矗立院中，殿前两座赑屃驼碑笔直高耸，碑体洁白如玉，顶上双龙腾绕，碑下瑞兽抬头，雕刻细腻精美，栩栩如生。这里的智化门就是天王殿，大殿面阔三间，屋顶黑瓦密如鱼鳞，泛着微微波光，正脊端两只鸱吻相对，檐梢雕饰和檐下斗拱一样巧妙，这些都属于明清的遗迹，如今依旧风光不减。障日板壶门式门楣两侧形成对称，中央门额上蓝底金字“智化门”熠熠生辉，向殿内窥看，弥勒佛面带微笑，韦陀菩萨、金刚等伴随左右。

转向北边，智化殿与东西配殿巍然耸立，东侧为大智殿，西侧为藏殿，两相簇拥着正居中间的智化殿。智化殿面阔三间，飞檐翘起，显得屋顶更加辽阔，重昂五踩斗拱上举屋顶，下接圆柱，构成一体，这就是古代中国建筑力学的精髓。据说殿中原供有金漆佛像一尊，左右罗汉、众佛环绕，可惜都已经损毁多时了。

智化殿后的那座庑殿顶重楼即是万佛阁，下层为如来殿。万佛阁内佛龛中曾有 9000 多尊小佛像，如今缺损严重。如来殿面阔五间，明亮宽敞，座上供奉着如来本尊像，其他佛像守护四周。万佛阁向北是大悲堂，后接万法堂，这里就是智化寺的最北端，回首看看，沿中轴线一路走来，风光无限，但是匆匆之间只是忙着赶路了，其实那些殿阁之外的角落都被忽略了，然而寺院的余味和细腻之处都要去那里看看才行。

旅游小贴士

地理位置： 北京市东城区

最佳季节： 四季皆宜

开放时间： 08:30 ~ 16:30

旅游景点： 智化殿、如来殿

如来殿气势恢宏，蔚为壮观，堂中供奉着如来本尊像，双目微闭，静心参禅。

智化门前院落开阔，殿前赑屃驼碑，朱红色的墙壁在蓝天的映衬下更加明艳。

雍和宫 北京最大的藏传佛教寺院

雍和门前的狮子是由青铜铸就而成，形象栩栩如生。

雍亲王府即后来的雍和宫，是雍正皇帝未登基之前的住所，宫阙楼堂，金碧辉煌。乾隆继位后，将雍和宫改成了喇嘛庙，成为清朝的一座皇家寺院，蔚为壮观。然而时过境迁，沧桑的历史宛如一道纱幔，将雍和宫安静地掩藏在了都市之中，显得独特而神秘。自从寺院对外开放以来，这座带着清朝贵族气息，又藏着风云变幻的庙宇重新走进了世人的眼中。

作为北京最大的藏传佛教寺院，雍和宫主要由天王殿、永佑殿、雍和宫大殿、法轮殿、万福阁等主要殿宇组成，另外还包括

“四学殿”和东西配殿，集聚了满、汉、藏、蒙多种民族特色的布局，巍峨壮观，呈现出正殿高大、重院深藏的建筑效果。这些殿阁里保存着大量的珍贵文物，其中“木雕三绝”即紫檀木雕刻的罗汉山、金丝楠木雕刻的佛龛和檀香木大佛，是雍和宫的一大特色。三座高大的牌楼、一对石狮和一座大影壁屹立在雍和宫的南院，转过牌楼，还有一条被称为辇道的绿荫甬道。在鼓楼的旁边有一口大铜锅，相当引人注目，相传雍和宫举行腊八盛典时，专门用此锅熬制腊八粥，以庆丰收。

“雍和门”三字是乾隆皇帝亲手书写，前后是两座碑亭，形象生动逼真的青铜狮子矗立在殿前，殿内正中央，一位憨态可掬的弥勒佛坐在金漆雕龙宝座上，大殿两侧还有脚踏鬼怪的四大天王，泥金彩塑，气势威武。弥勒佛像后面是身穿盔甲的护法神将韦陀，全身流光溢彩，颇为精致。

出了雍和门，进入雍和宫大殿，入眼便是面目祥和的三世佛像，这些佛像高达 2 米，左为东方世界药师佛，右为西方世

护法神韦陀位于弥勒佛身后，脚踩浮云，戴盔披甲。

这尊弥勒佛像位于雍和门内，笑容可掬。

三座高大的牌楼、一对石狮和一座大影壁屹立在雍和宫的南院，转过牌楼，还有一条被称为辇道的绿荫甬道。

古钟上的铭文多以佛经为主，字迹清晰，可一一辨认。

转经轮上的经文在来往游客的抚摸下明亮生辉，引人注目。

界阿弥陀佛，还有一尊是婆娑世界释迦牟尼佛，分别代表着过去、现在和未来，以此表明佛无处不在。大殿的四周还供奉着观世音像、十八罗汉等佛像。

若是等不及要看雍和宫的木雕三绝，出了雍和宫大殿，你可以先直奔法轮殿，这里有三绝之一的五百罗汉山。法轮殿结合了汉藏文化，天窗式的暗楼、铜质鎏金的宝塔都体现了浓厚的传统藏族文化色彩。大殿的正中央是一尊面含微笑的古佛，高达 6 米，是藏传佛教的创始人宗喀巴大师。宗喀巴的佛像后面便是由紫檀木雕刻的五百罗汉山，或静坐打禅，或三三两两聚集一处，人物形象栩栩如生，展现了我国古代高超的雕刻技艺，具有很高的艺术价值。相传乾隆在雍和宫诞生后，曾用一个金丝楠木雕刻而成的木盆洗澡，这个木盆便是五百罗汉山前俗称"洗三盆"的木盆。

万佛阁巍然宏伟，左右各设有配殿，中以飞廊相连，重檐三层，宛如仙宫楼阙，檀木大佛便位于其间。整个佛像高 26 米，18 米露在地面，剩下 8 米深埋地下，佛像由白檀木的主干雕刻而成，重达百吨。佛像双目圆睁，上身裸露，下身着有长裙，身披璎珞等饰物，气度雍容华贵。其雕刻之精细，装饰之华美，无不体现着木雕艺术的精髓。另外一处木雕是万佛阁前的照佛楼内的金丝楠木佛龛，以透雕手法雕刻而成，99 条云龙各具特色，惟妙惟肖的形象，精湛圆熟的技法，令后世为之惊叹。

皇室的端庄华丽，寺庙的祥和肃穆，雍和宫的气质是其他寺庙所不具备的。当你走在雍和宫的院内，静静地看着一棵棵老树，一座座宫殿和一尊尊佛像，时间好像凝固在楼阁间，身边青烟缭绕，树影婆娑，宫殿檐顶金光闪动，使人感觉仿佛身在仙界。曾经的时代早已经随着泛黄的书页载入了史册，一个王朝的故事悄悄老去，这座古寺保存下来的每一处遗迹在岁月的长河里静静沉淀，为我们留下更多珍贵的历史记忆。

旅游小贴士

地理位置：北京市东城区

最佳季节：四季皆宜

开放时间：（4 月 ~ 10 月）09:00 ~ 16:30；（11 月至次年 3 月）09:00 ~ 16:00

旅游景点：雍和门、雍和宫大殿、法轮殿、万佛阁

卧佛寺 北京十方普觉寺

在北京西山的寿牛山南麓，有一座始建于唐贞观年间的寺庙，因为寺院内保存着一尊唐朝檀木雕成的卧佛和一尊元代铜铸的释迦牟尼佛涅槃像而名声远播，这就是人们经常提起的“卧佛寺”。卧佛寺又名“十方普觉寺”，这名字由清朝雍正皇帝所赐，但是民间百姓知之甚少，倒是“卧佛”一名家喻户晓。翻开古寺的历史来看卧佛寺，从唐朝至今经过多次翻修，也有过很多名称，如兜率寺、寿安寺等。

卧佛寺的结构可以大致分为3组院落，主要建筑有琉璃牌坊、山门殿、天王殿、三世佛殿、卧佛殿和藏经楼等。来到卧佛寺山门之前，一座四柱三楼的木牌坊巍然屹立，灰色筒瓦顶与山色相融，沿着牌坊后面的甬道看去，两侧成行的古柏像受检阅的士兵，昂首挺胸，身姿挺拔。幽静的古道尽头，颜色发生了变化，阳光闪动，琉璃瓦反射的光芒明艳照人。来到近前是一座琉璃牌坊，四柱七楼，斗拱结构和微翘的檐角，精妙绝伦。在繁密的雕花壁上，横额正面是清高宗御笔书写的“同参密藏”，背面为“具足精严”，字迹圆润，充满富足之气。

铜制的香炉位于石雕的须弥座上，炉身游龙飞凤，栩栩如生，重盖叠在一起，更加美观。

旅游小贴士

地理位置：北京市海淀区

最佳季节：四季皆宜

开放时间：08:00 ~ 18:00

旅游景点：琉璃牌坊、卧佛殿、三世佛殿、樱桃沟峡谷

“智光重朗”牌坊。

牌坊后有一方半圆水池，池上飞桥直入山门殿。两侧分列着钟鼓楼，楼阁双层兀立，灰瓦红墙，底层呈正方形，上层稍微偏小，两层中间的屋檐向四面张开，如舞女的碧罗裙，顶上飞檐雕刻精美，栩栩如生，8 个檐角都坠挂风铃，格外美观。经山门殿进入佛门清静之地，哼哈二将镇守山门，威风凛凛。转到天王殿，比起山门殿更加庄严，殿上 6 尊佛像，分别为弥勒佛、四大天王、韦驮菩萨。弥勒佛盘踞正中间高台位置，笑迎四海宾朋，四大天王形态各异，手持宝刃，背后的韦陀护法双手合掌抱握金刚杵，注视着往来的游人。

钟楼上下两层，下边四四方方像一处高台，上层偏小正好站立台上，使钟楼融为一体。

出了天王殿，继续向前，院落中的石碑在翠绿的老树的映衬下，显得更加古朴典雅。略带铜锈的香炉上，浮雕和花纹依然美丽迷人，偶尔传来的钟声回荡在耳边。穿过回廊去找寻，古藤缠绕的地方有一口古钟，下口如花瓣一样展开，钟身铭文清晰可辨。

接着来到三世佛殿，这里也被称作大雄宝殿，是大佛寺的核心大殿。面阔五间，巍然壮观，单檐山顶上密铺琉璃瓦，色彩斑斓。门额高悬，正中木匾题字“双林邃境”，两侧楹联“翠竹黄花禅林空色相，宝幢珠珞梵宇妙庄严”。往里面看，阿弥陀佛、释迦牟尼佛、药师佛高坐台上，十八罗汉侍奉两边，观音菩萨居后细听佛祖说经。最后就是压轴的卧佛殿，单檐的歇山顶上琉璃瓦金光闪闪，五彩斗栱配着顶棚彩画天花，色彩斑斓。门上匾额是慈禧题字“性月恒明”，两侧楹联写着“发菩提心印诸法如意，现寿者相度一切众生”，佛殿上铜佛侧卧，双目微微闭合，神态平和。卧佛身长 5 米多，重达 54000 千克，是北京现存最古、最大、最精的铜卧佛，据说此佛的卧姿为释迦牟尼在印度圆寂前的姿势，更显得意义非凡。

古钟身上虽已经出现了斑斑铜锈，但是钟声悠远，常常在院落中回响。

古寺幽静，卧佛长眠，尘封了老去已久的岁月。当你触摸着每一处褪色的浮雕和每一棵粗壮的老树，似乎可以感受到时光的流逝，它掠过了古树根边的新泥，佛龛上的浮尘，还有更远的天空。

历代帝王庙 祭祖圣地

北京西城区阜成门内的历代帝王庙，又称帝王庙，是明、清两代皇帝祭祀祖先的场所，兴建于明朝嘉靖年间。历代帝王庙与太庙、孔庙合称为明清北京三大皇家庙宇。按照中国古代祭祀祖先的习惯，“三皇”和先代帝王，一直被历代统治者所景仰，更是效法的榜样。

最初在帝王庙中供奉着 18 位帝王，由明太祖朱元璋选出，到了清顺治皇帝时，改定为 25 位。同时康熙、雍正和乾隆 3 位皇帝也非常重视帝王庙，康熙下旨将除了因无道被杀和亡国之君外的历代皇帝也都立位祭拜，乾隆皇帝则提出了“中华统绪，绝不断线”的观点，把庙中没有涉及的皇帝也重新补上，调整多次以后，祭祀的帝王确定为了 188 位，而明、清两代在历代帝王庙举行的祭祀活动则多达 600 次。

旅游小贴士

地理位置：北京市西城区

最佳季节：四季皆宜

开放时间：09:00 ~ 16:00

旅游景点：景德崇圣殿、神库、神厨、宰牲亭等

景德门。

历代帝王庙占地上万平方米，建筑规模庞大，面积可达6000平方米，足以显现出皇家庙宇的尊贵气派。走近大院，首先映入眼帘的便是影壁，绿色琉璃筒瓦覆盖着硬山顶大脊，壁高5.6米，30多米长，1米来厚，为北京城最大的影壁。影壁之后，景德街牌楼、石桥、下马碑依次排开。来到景德门外，只见81颗门钉镶在大门上，如同一行行的文字，仿佛在讲述着久远的故事。

大殿之中石碑矗立，沿着石碑上的纹饰细细品赏，一直往上，看见殿顶的盘龙浮雕，令人叹为观止。

沿着景德门往北走，跨进一处阔大的院子，景德崇圣殿屹立院中，这就是历代帝王庙的主体建筑。景德崇圣殿之名，寓意为“景仰德政，崇尚圣贤”。无论从形制，还是柱、梁、瓦、彩画的细节，都能够看出皇家建筑的精益求精。抬头望去，大殿高约为21米，面阔九间，纵深五间，带有“九五之尊”的意义。60根楠木组成的柱子撑起内殿，柱上彩色金龙纹饰，栩栩如生。殿内悬有乾隆帝的御联和匾“报功观德”4个鎏金大字。脚下不滑不涩，光润如玉，不禁让人感叹古代砖石制作的精良。

大殿分为7部分，供奉了188位古代帝王的牌位，皆是红底金字，极为肃穆。正中牌位是伏羲、黄帝、炎帝，左右分列五帝和夏、商、两周等历朝历代的帝王，蔚为壮观，仿佛华夏民族五千年的历史长河一般。景德崇圣殿的两侧配殿，供奉着像伯夷、姜尚、诸葛亮、岳飞、文天祥等这样受人敬仰的历代贤相名将。其中武圣人关羽独自一庙，奇特而庄严。东南侧有钟楼、神厨、神库、宰牲亭、井亭，西南侧有乐舞执事房、典守房、斋宿房。走到最后，便来到了祭器库，虽然昔日重器已不在，但昔日祭祀时，人们忙忙碌碌摆弄着祭器的场景仿佛还在眼前。

青铜鸮尊属于西周武丁时期的著名器物，年代久远，举世无双。

1925年孙中山先生逝世后，景德崇圣大殿内曾经举行过隆重的纪念集会，从此之后，历代帝王庙就再未行过祭祀之礼。经过历代变迁，直到今日这座尘封了百年的历代帝王庙，才经重新修缮，再次向世人开放，使来往游客得以一睹其风采，倾听那祭祀的钟声……

法源寺 宣南第一大寺

北京宣武门外教子胡同南坐落着这座城市最古老的名刹——法源寺，原名“悯忠寺”，始建于唐朝贞观年间。据说，唐太宗李世民下诏建立寺庙，主要是悼念征辽时为国捐躯的将士，寺院建成时已经是武则天时期，武则天为寺取名“悯忠寺”。朝代变迁，几经易名，直到清朝雍正时期才定名为法源寺，隶属律宗一派。

法源寺占地 6000 平方米，坐北朝南，一路向北沿中轴线分布着山门、钟鼓楼、天王殿、大雄宝殿、悯忠台、净业堂、无量殿等建筑，布局整齐，楼阁错落有致，庭院点缀其间，浓郁的古朴气息充斥着寺院的每一个角落，甚至每一尊佛像和每一炷香。

火红的灯笼高高挂起，寺门前的石狮子蹲踞在须弥座上，威武神气。走进院中，幽静的环境使人忘却了寺外的喧嚣，徐徐漫

藏经楼前古树茁壮，蓝天映衬下两层的藏经阁越发气势恢宏，灰瓦密铺，红墙红窗一派喜庆。

旅游小贴士

地理位置：北京市西城区

最佳季节：四季皆宜

开放时间：08:30 ~ 15:30

旅游景点：悯忠阁、藏经楼、石钵、大雄宝殿

悯忠阁。

步在香烟袅袅的楼阁之间，心情渐渐也平静许多。钟鼓楼上钟声阵阵，回荡院落。天王殿内彩灯高悬，雕梁画栋，耸立的布袋和尚铜像高 1 米多，即为弥勒佛的化身，笑口常开，包容天下难容之事，韦驮护法镇守后侧，铜铸的四大天王像合掌微笑。

大雄宝殿更是巍然壮观，进入大殿，“华严三圣”毗卢遮那佛、文殊菩萨和普贤菩萨落座高台。中央位置是毗卢遮那佛，高约 4 米，背后佛光普照，两位菩萨侍奉左右，均在 2 米以上。三尊像历史悠久，皆是明朝遗物，木雕漆金，素雅美观。十八罗汉属于清朝补造的塑像，列坐两边，潜心受教。

石钵底座双层，呈多边形，刻满了浪花、蛟龙、海马、八宝等各种精美的纹饰。

昔日的“悯忠阁”已经不在，只留下了高 1 米多的悯忠台，台上如今的楼阁是“观音殿”。12 柱构架嵌入外墙，撑起内堂，此建筑风格和故宫御花园的万春亭极为相似。殿内珍藏着大量历史文物，例如唐代的《无垢净光宝塔颂》《悯忠寺藏舍利记》，辽代的《燕京大悯忠寺菩萨地宫舍利塔颂》等，极为贵重。

还没到净业堂，巨大的石钵就出现在了眼前。这只石钵位于双层多边形石座之上，刻满了各种精美的纹饰，如浪花、蛟龙、海马、八宝等，让人叹为观止。净业堂里莲花宝座上四方佛正坐，再往上面是一尊明朝铜制毗卢佛巨像，相接屋顶，神情祥和。寺院最后的佛殿前古树茁壮，在蓝天映衬下，两层的藏经阁越发气势恢宏，灰瓦密铺，红墙红窗一派喜庆。殿内的卧佛是明朝的木刻作品，建造精细，十分宝贵。据说鉴真大师曾在此供奉 7 日，之后来客络绎不绝，每当有活动时，场面十分壮观。

殿阁内堂供奉着神像，四周宽敞明亮，一尘不染。

法源寺中的藏品也十分具有观赏价值，在那些古老的物品上，你能清晰地看到岁月的痕迹，就像在翻阅尘封的羊皮卷，欣赏昔日的故事。

大钟寺 “钟王”之寺

钟是佛教最明显的标志，在我国的寺庙中，几乎都能看到，常常是未见古寺，先闻钟声。在北京市海淀区北三环的联想桥北，有一座寺庙，寺庙现为古钟博物馆，400 多件古代钟铃精品举世罕见，堪称佛教钟文化的一方沃土。

寺中的古钟。

大钟寺原名为觉生寺，始建于清朝雍正皇帝时期，当时作为皇家佛教寺庙，地位显赫。据《敕建觉生寺碑文》记载，雍正皇帝于十一年（1733 年）颁布谕旨，在今日北京北三环的联想桥这里建立寺庙，用作清修之地，等到寺院建成之后，他便取“以无觉之觉，觉不生之生，所谓觉生也”中的“觉生”二字为寺命名，并御笔题书，现在大钟寺山门前横匾上的“敕建觉生寺”，就是雍正皇帝的书法真迹。

亭内大钟悬空高挂，亭前一位长须老者的塑像正身端坐，正义凛然。

为什么觉生寺又叫大钟寺呢？原因在于寺中的永乐大钟。相传到了乾隆时期，皇帝经常来此设坛祈雨，祈求风调雨顺，这一仪式一直沿袭到了清朝末年。话说乾隆皇帝还将原本万寿寺中的永乐大钟搬到了觉生寺，使得这座寺庙的名声更加响亮，因此便有了“大钟寺”一名。之后的岁月里，大钟寺几度荒废，直到后来辟为古钟博物馆才得以荣光重现。

来到山门前，在广场上仰望，远处的高楼大厦在蓝天的背景下渐渐落为了陪衬，山门红墙与雕花低檐的围墙连成一片，石阶与地板条石的青黛色调一致，显露出幽幽的古朴味道，单层屋顶上灰瓦铺开，檐梢平展，两只风铃声音清亮。

漫步在院落之中，最令人流连的就数长廊了。庭中幽静，沿着游走的回廊穿堂过殿，手扶在朱红的廊柱上慢慢前进，眼前的廊中，隔几米就是一口古钟，有大有小，造型各异，工艺精美。欣赏着这些古物，时间仿佛倒回了 100 年之前，震耳欲聋的钟鸣与香火缭绕的幻象又浮动在脑海中。接着回廊转入另一个院子，一座钟亭高耸眼前，重檐上顶呈圆形，下层八角形外张，亭内大钟悬空高挂，气势逼人，亭前一位长须老者的塑像正身端坐，神情凛然。

来到院中，青草碧绿，松木苍翠，刚才的一瞥足以使人激动不已，现在继续启程。不远处大殿前的石台上是一只巨大的铜钵，下盘的须弥座纹饰精美，好似展开的莲花，上举着这只钵。铜钵上略显锈迹，“阿弥陀佛”4 个大字十分明亮，熠熠生辉。从南向北走中轴，一路不停看完钟鼓楼、天王殿、大雄宝殿、后殿、藏经楼，接着绕过大钟楼来到东西翼楼，站在这里，周围的风光便可一览无余。

作为大钟寺最核心的建筑，大钟楼别有特色。踏着楼前的石阶攀上青石台基，喜庆的红色立刻会将你包围，可见上、下两层的钟楼，上圆下方，充分体现了“天圆地方”之意，墙身内嵌圆柱，门窗的雕花纹饰让人眼花缭乱。进入楼内，楼梯盘旋直上，永乐大钟巍然矗立，木梁横在 8 根内斜的大柱上，承受大钟体重，从钟纽和钟身，直到钟口下的八角形散音池，令人叹为观止。这口“钟王”高近 7 米，直径 3.3 米，有 42000 千克重，世间罕有，钟身 22.7 万字楷书佛经更是冠绝宇内。等到巨钟洪鸣，那种震撼人心的声音响起，仿佛穿越古今，回荡在历史的天空中。

旅游小贴士

地理位置： 北京市海淀区

最佳季节： 四季皆宜

开放时间：（每周二至周日）

09:00 ~ 16:30

旅游景点： 铜钵、永乐大钟

铜钵须弥座纹饰精美，好似展开的莲花，周身“阿弥陀佛”4 个大字十分明亮，熠熠生辉。

钟楼上圆下方，充分体现了“天圆地方”之意。

圣恩禅寺 燕山古庙

北京城北郊燕山下，坐落着一座有着 600 多年历史的古寺。历史上，虽然这座寺庙多次被毁坏，但依然无法抹去它曾经作为皇家寺院的辉煌印记。翻开当地古旧的文献，寻找“圣恩禅寺”，书中记载圣恩禅寺兴建于明朝正统三年（1438 年），因御赐匾额“圣恩禅寺”而得名。

龙凤呈祥的图案在中国古代建筑中经常能够见到，包含着深厚的历史文化底蕴。

曾经的圣恩禅寺将古老的痕迹留在了新的土地上，新寺建成之后，我国佛教协会副会长刘炳森为寺题字。为了能够最大限度地保留原有风格，建筑师按照《清工做法》中的样式设计建筑蓝本，使圣恩禅寺得以保存原有样貌。

望着远处起伏的山峦，走到圣恩禅寺门前，沿着平坦的石板路看去，高大又华丽的牌楼屹立在平台上，3 间门敞开，4 根圆粗的红柱下面石台方方正正，上面高举着层层檐顶，只见中间琉璃瓦顶最高，鸱吻对脊，檐梢龙鱼、海马、贤圣造像精巧美观，左右两肩平展，两肩之下又有两肩，共分3层，斗拱层递，彩绘天花无一不让人叹为观止，再加上金边红字的横额，更是色彩明艳。走上台阶，穿过石坊，背后是一处小庭院，左右各有一间灰砖矮屋，从院中走到里面，一座汉白玉石碑后单层屋顶的殿阁高耸，堂中影壁上书写着大大的“佛”字，檐前大红的灯笼高悬，影壁两侧是走廊，直通寺院内部。

来到寺院内，艺术长廊徐徐展开，长约170多米，其间书法、石刻等作品数不胜数，像启功、沈鹏、欧阳中石、刘炳森、李铎先等名家的书法碑刻有30多块，极为珍贵。回廊之间屹立着方亭，构造古朴美观，飞檐顶上高耸的圆形宝盖更显得雍容华贵。

沿着庭院不断深入，寺中殿宇黄灿灿的琉璃瓦顶铺满了整个屋顶，皇家寺院的底气尽显眼前，屋顶雕刻栩栩如生，密密的瓦楞如同水中泛起的细细波纹，令人陶醉。据说寺内殿宇中的金色大多都是真金黄铜装饰而成的，总共耗费金箔200万张，铜箔100万张，可谓是奢华至极。步入天王殿，弥勒佛高居堂上，红铜铸成的佛像有3米多高，佛身金光闪闪，贴有7000张库金，明艳照人。大雄宝殿更是雄伟辉煌，殿上释迦牟尼佛端坐正中法台，左右分别是阿弥陀佛和药师佛，3尊佛像均由黄铜铸就，高4.5米，重5000千克，通身光芒四射，共用1.8万张库金贴满，世间罕有……

如果来到圣恩禅寺，碰巧遇上每逢初一或十五的佛诞日、放生或祈福法会，将会看到十分壮观的场面。

旅游小贴士

地理位置：北京市昌平区

最佳季节：四季皆宜

开放时间：09:00 ~ 16:30

旅游景点：龙凤雕刻、琉璃牌坊、大雄宝殿

殿宇黄灿灿的琉璃瓦顶铺满了整个屋顶，皇家寺院的底气尽显眼前。

牌楼屹立在平台上，3间门敞开，4根圆粗的红柱下面，石台方方正正，上面高高托起层层檐顶。

慈善寺 魔王和尚庙

慈善寺坐落在北京石景山区天台山上，又名天台寺，是一座年代久远的寺庙。民国初年，张恨水曾在书中谈到慈善寺，“进山门后有7座小庙，号庙七，是乾隆游寺时敕建，按北斗七星方位排列”，可见寺庙在当时的样貌。与其他传统的寺院不同，慈善寺不仅只是佛教一家的文化宝地，而且也汇聚了道家名士和民间诸神，包罗万象，百花齐放。

相传在康熙年间，曾有一疯和尚在天台山修成正果，并且得到了御赐的“魔王和尚”美誉。因为这个疯僧的容貌极像顺治帝，所以由此从民间传出了“顺治出家天泰山”的故事，尽管事实并非如此，但是慈善寺却留下了“魔王和尚庙”这个名字。当年冯玉祥将军也曾笑这故事只是愚弄百姓，而他与慈善寺的故事由此开始，如今寺院内保存着许多他留下的石刻，例如“勤俭为宝”“真吃苦”“耕读”等，十分珍贵。

在战火与动乱的年代中，慈善寺大半损毁，令人惋惜。回顾往事，曾经香火极盛的慈善寺，每逢佛节，周围十里八乡的百姓都会赶来祈福许愿，一时人如潮涌。尽管现在的寺院未能像从前

↑佛殿中也供奉道家神仙，呈现出佛、道两家共聚一堂的景象。

那般鼎盛热闹，但是历经岁月的沉淀，慈善寺多了一份宁静与深邃，让人回味无穷。

远眺山顶，便可以看见人们常常提到的燃灯佛塔，荧荧火光已经照耀近百年的沧桑，山崖上庞大的佛祖头部浮雕，长为 4 米，面宽 3.5 米，是北京地区最大佛头石像。置身慈善寺，在巍巍山峦的守护下，草色青青，林木葱郁，殿宇矗立，时而鸟鸣声传来，伴着古钟余音。慈善寺大致按布局可分为 5 部分，沿两条直线平行延展，殿阁错落有致，依次排开。

如果从崖南入山门，可以看见上、下两层的门楼，上面文昌庙与之相连，楼前有古松苍翠，后跟弥勒殿，内供接引佛弥勒，这里是一处独立的小院，自成一景。若从主寺门进入，则可从西路过韦驮殿、大悲殿、魔王殿，一路展开，之间紧跟达摩殿、地藏殿、盂兰殿、圆通殿等左右配殿，完成整体楼宇布置。其中大悲殿为主，内供金漆木雕千手观音像，碧霞元君等 8 尊神佛侍奉两侧，呈现出佛、道两家共聚一堂的景象，实属少见。还有魔王老爷殿，分成上、下两层，下面就藏有民间流传的清顺治坐像，面向京城，面容微妙。东路一侧，财神殿、三皇殿和斋堂相继而来，坡地上还分布着山神庙、天齐庙、玉皇殿等一系列道教建筑，十分壮观。

漫步寺院，3 棵楸树已经 500 岁了，依然枝叶繁茂，绿意盎然。那乾隆年间的日晷也是一件古物，阳光的影子在石盘上的罗马数字间转动，就像钟表的指针，指出变化的时刻，十分有趣，日晷中间的“1790”可能是制作的年份。还有罗汉崖的石刻，姿态万千，惟妙惟肖，十分有趣的是罗汉仅仅有十七尊，加上站在面前的游人才能算十八，或许这就是另一种禅理吧。

旅游小贴士

地理位置： 北京市石景山区

最佳季节： 四季皆宜

开放时间： 09:00 ~ 16:30

旅游景点： 达摩殿、地藏殿、盂兰殿、圆通殿

门洞拱券镶在灰色的墙壁上，门前接着一排条石铺成的阶梯，给人一种简单直观的美。

殿宇之间的庭院里绿树成荫，常有鸟鸣婉转，显得古寺更加幽深。

五塔寺 宝塔福地

北京海淀西直门外的五塔寺闻名遐迩，寺内的金刚宝座塔更是尤为珍贵。这座古寺创建于明代永乐年间，至今已有600多年的历史了，据说在乾隆年间，乾隆皇帝为了给母亲过寿，曾两次翻修五塔寺，并将原来的寺名“真觉寺”改成了“大正觉寺”。

佛龛内铜佛浮雕盘坐在莲花台上，面目神情清晰可见，惟妙惟肖。

经过历代变迁，五塔寺的繁华也走到了末路，甚至在八国联军的铁蹄下，寺院毁于一旦，幸运的是，寺中的金刚宝座塔保留了下来，现在的五塔寺是以此塔为核心，重新修建而成。进入如今的五塔寺，往日的战火痕迹早已不见，绿树成荫，殿宇成群，呈现出一派新气象。沿着甬道漫步在寺院中，听着古钟声和鸟鸣，心境渐渐地平静下来。庭院里的石阶一层一层，升起又落下，带你穿过每一处回廊。

转过一座金碧辉煌的大殿，黄色的琉璃瓦使人目眩，皇家寺院的威严似乎又一次展现。古木参天，地面上的阳光斑驳浮动，有一处甬道尽头藏着一座碑亭，亭檐飞翘，6根红柱站在石台之上，亭子当中正立着石碑。四周绿树环绕，显得十分幽静，后面靠着围墙，亭前阶下的道路两侧大型石雕陈列，对称的双峰骆驼四蹄盘踞，仰头面向前方，健硕的骏马闭目静卧，犄角卷曲的山羊抬头眺望，最后是一对猛虎，气势逼人。

继续前行，沿着回廊来到殿堂前，汉白玉雕的巨大碑林就会映入眼帘，前面的站立在祥云图案的石台上，碑体较小，参差不齐；后面的体型高大，赑屃驼碑，雕刻精美。碑身笔直挺立，上刻浮雕和文字，借着蓝天白云的背景，越发显得美观漂亮。

举目望去，金刚宝座塔高耸，塔基旁边的两株老树高大挺拔，巨大的树冠，茂密的枝叶，几乎相合在一起，就像一道天然的绿纱幔将古塔掩盖住，显得更加神秘。据史书记载，五塔寺的金刚宝座塔约建于明成化年间，出自于印度僧人班迪达之手。相传成祖朱棣与班迪达十分投缘，还将其封为国师，金刚宝座塔就是他按照印度式“佛陀伽耶塔”建立，五塔寺也由此而生。来到塔下，石栏里面的宝塔分成上、下两层，最下层须弥座配有圭脚、下枋、束腰、仰莲，外表镂刻梵文、佛像、法器等纹饰。上接青白石的宝座，南北塔柱，旁有盘梯通向罩亭，越过罩亭，台面上就是顶上 5 座宝塔。五塔居中一座高达 8 米，须弥座上 13 层密檐张开，檐下四周刻有佛龛和佛像，仰莲、相轮、华盖宝珠等装饰齐聚塔顶，台上四角各立一座小塔，形成众星捧月之势，簇拥着中央高塔，如同花瓣托着花蕊一般，让人叹为观止。

五塔寺中保存的文物，比如纹饰精美的露尘洗、线条柔和的浮雕佛像等，有着极高的审美价值。

旅游小贴士

地理位置：北京市海淀区

最佳季节：四季皆宜

开放时间：09:00 ~ 16:00

旅游景点：金刚宝座塔、佛像、五佛宝座、八宝金刚杵、菩提树

汉白玉雕的巨大碑林借着蓝天白云的背景进入眼帘，引人驻足欣赏。

五塔即金刚宝座塔，作为五塔寺的标志性建筑，闻名遐迩，备受世人关注。

天宁寺 北魏名寺

塔身下面凿出许多佛龛，龛中佛陀正坐，沙弥静立两边，惟妙惟肖。

坐落在北京市西城区广安门外的天宁寺是北京地区最古老的寺院之一，兴建于北魏孝文帝时期，原名为“光林寺”，到了唐代，更名成“天王寺”，一直沿用到明朝正统年间，才被“天宁寺”取代。历史上，这座寺庙久经灾祸，多次被毁，但是又不断地得到重建，生生不息，它现在已经成为北京著名的佛教圣地，受到世人的推崇。

天宁寺的布局整齐，原先巍巍殿宇沿着中轴分成 3 路徐徐展开，现在左右两路已经不复存在了，仅剩下中路。跨进山门，迎面看到两株古槐，枝叶茂密，落下一片绿荫衬着山门殿的灰白色石阶。抬头一看，“敕建天宁寺”几个大字横在门额之上，熠熠生辉，山门殿内，弥勒佛坐在须弥座上面带微笑，注视四方来客，身后韦驮护法手执铁杵站立，一身正气。穿过前院往北走，天宁寺的主殿接引大殿岿然矗立，殿阁面阔五间，气势恢宏，院中碑刻林立，刻有天宁寺几次变迁的大事件，是古寺发展的见证。走上石阶，只见一对楹联高挂，上面书写着“金界庄严铃语钟声流静梵”，下接“运台醃霭香云宝相现慈因”。

接着走进舍利塔院，药师殿和弥陀殿作为配殿位于东、西两侧，形成一处风景，院中的舍利塔高近58米，笔直耸入云霄，是现在北京最高的密檐式砖塔。据说此塔原为辽代天祚帝的叔父耶律淳主持兴建，但是这位帝王命运短暂，因此这座古塔就成为他留在历史上的最好见证。站在塔前细细观看，古塔底座分成两层，皆为八角须弥形，下面6座石龛环绕一圈，龛与龛以短柱相连，龛内石狮头向外，鬃毛浓厚，气势逼人。转角处，金刚力士双手高举托起石座，此外莲花纹饰雕刻细腻，花瓣朵朵绽开，象征佛塔高洁神圣。砖雕的斗拱合力架起塔台和栏杆，台上铁莲花三层

旅游小贴士

地理位置：北京市西城区

最佳季节：四季皆宜

开放时间：09:00 ~ 16:00

旅游景点：钟楼、辽塔

石碑上书写着“唐天王寺故址”，足以看出寺庙历史渊源流长。

大殿面阔三间，单檐盖顶，朱红漆成的门面墙色彩艳丽，略带几分现代气息。

天宁寺塔原先为木塔，后用砖修筑，如今在我国现存的密檐式砖塔中，此塔是最为典型的。

重叠在一起，塔身仿佛花蕊，渐渐长出了花瓣，徐徐升上蓝天。仰面望去，塔身按照圆觉道场的布置，呈现出了“花藏世界”的气象。

离开塔院，放慢脚步，穿行在树荫下，不远处出现的四合院就是“兰若院”了。此处院落幽深宁静，大有禅房花木深的意境。这里的各种花木随着一年四季的变化，次第开放，引来了许多游人。漫步院中，时常可以看见百花斗艳的景象，姹紫嫣红，美不胜收。那阵阵清香充斥满园，沁人心脾，一阵风吹起，檐梢上悬挂着的风铃不时传来清脆悦耳的声音，尽管没有钟声那般浑厚低沉，但却清声阵阵，显得更加惹人喜爱。

徜徉在天宁寺，手轻抚着回廊的红柱，看看岁月流逝的印记在石像留下的裂痕，静心领会这寺院深处的静穆与祥和。此时，不远处的几声鸟鸣，几多红花，显得清幽静雅，令人陶然迷醉。

钟楼与其他殿堂连在一起，融为一体但又特点鲜明，楼分上、下两层，檐梢飞翘，古色古香。

大觉寺 如来宝塔福地

大觉寺位于河北省唐山市滦县横山景区，作为一座古老的寺庙，在历史上被战火毁坏，直至后来被重建才得以恢复。

来到大觉寺，穿过晴空之下高耸的牌楼，站在大觉寺山门外，一对雄狮，双目圆睁，鬃毛卷云，颈带红花，脚踏彩球，蹲踞在须弥座上，神奇无比，威武不凡。接着来到山门前，一团火红映入眼帘，红门、红窗、红柱、红墙连成一片，异常艳丽。单层屋檐平阔，琉璃瓦沿着流水线一排排铺开，檐梢上龙女、海马、古兽等雕饰精美绝伦，栩栩如生。这座气势恢宏的山门殿，加上两边的高墙，竟然把里面的院落包裹得严严实实，连一丝缝隙都没有，想从外面向里窥探，只能看见寺院背后高耸的青色石山，还有湛蓝的天空浮着几缕薄云而已。

雄狮双目圆睁，鬃毛卷云，蹲踞在须弥座上，神奇无比，威武不凡。

旅游小贴士

地理位置：河北省唐山市

最佳季节：四季皆宜

开放时间：08:00 ~ 17:00

旅游景点：如来宝塔、大殿

跨过门槛，寺中的一切才慢慢进入视野。大觉寺建筑布局也是采取对称式的布局，中轴线上从山门、大雄宝殿到观音阁分布着大觉寺的主要殿阁，两侧又有东西院落和钟鼓楼。站在大殿前仰望远处，青山奇秀瑰丽，主峰犹如一柄长剑，刺透碧空，山顶点缀着几朵浮云，很有意境。山上岩石是一个整体，岩壁上的松木染出些许斑驳的色彩，两边的山峰较矮，仿佛故意突出中间这一座似的。再由上往下看，巍巍殿宇，青青树木，大觉寺的这处美景真像是一幅《青山佛寺图》，画面清新，意境深远。

迈开脚步，不妨把自己也放入这青山绿水中。沿着一条甬道，走到大雄宝殿，殿前一前一后摆着两座铜炉，背后重檐歇山式屋顶凌空展开，琉璃瓦在阳光下熠熠生辉，从山里随风飘来的种子早已在檐顶上长出了青草，更显得古朴。登上石阶，汉白玉石栏和廊柱沿大殿两侧伸展开去，围成一个圈，就像罗裙上的白边。走入殿内，堂上佛像端坐，静默无语，好像能够洞察人心。

山门殿气势恢宏，红门、红窗、红柱、红墙连成一片，蔚为壮观。

最后前往的地方，算是大觉寺的最高所在，那就是如来宝塔。看那随风舞动的经幡，彩色的绸带上印有佛教的经文，在绳子的牵引下，一同伸向高耸的白塔。这座如来宝塔位于一块空地，底座坐落在平台上，四周栏杆围绕，正中央方形高台矗立，顶上层层抬升，形成一座由白塔叠起来的白色金字塔，数目过百，座座精美，顶端那座更是美轮美奂，与巍巍群山形成一道让人赞叹的风景线。

如来宝塔数百座白塔层层抬升叠起，形成一座金字塔。

承德寺庙群 皇家园林里的寺院

闻名遐迩的承德避暑山庄，除了悠久的历史和优美的景色，还有钟声绵绵的佛寺。与紫禁城的金碧辉煌相比，承德避暑山庄的整体格调偏向淡雅朴素，多以青砖素瓦为主，融合了自然山水的本色，吸收了江南塞北的风景特点，形成“山中有园，园中有山”的奇妙景象。

避暑山庄主要由寺庙群、皇帝宫室、皇家园林组成，整体上分为苑景区和宫殿区两部分。苑景区又包括了平原区、山区和湖区 3 部分，其中的楼、馆、亭、榭等建筑多达百处，这些宫室与周围的自然景色融合为一体，顺地势而建，三三两两点缀其间，营造回归自然之势。

而在山区的建筑中多以寺庙为主。这里群山环绕、沟壑纵横，分布着普乐寺、博善寺、广安寺等众多庙宇。这些庙宇集中建造在一起，都是清政府为了统治、安抚少数民族而建造的喇嘛寺，后来成为藏传佛教的胜地之一，寺庙中有大量制作精巧的祭器和佛像。

旅游小贴士

地理位置： 河北省承德市

最佳季节： 夏末秋初

开放时间： 08:00 ~ 17:30

旅游景点： 关帝庙、外八庙、七十二景、正宫、松鹤斋

永佑寺舍利塔又称六和塔，在避暑山庄万树园东北侧，是乾隆为报母恩而建，避暑山庄的胜景之一。

狮子沟向南是普陀宗乘之庙，其占地22万平方米，是承德外八庙中最宏伟的寺院，建立于乾隆年间。“普陀宗乘”藏语是“布达拉宫”的意思，故而有小布达拉宫的美誉，寺院依靠山势，不断上升，层次明显，蔚为壮观。琉璃牌坊映衬蓝天白云，瓦顶造型优美，姿态万千，三间门洞，前面双狮镇守，后面树木成荫。五色佛塔明艳照人，高居在方形塔座之上睥睨群雄，前方左右各横卧一只白象，十分威武。大红台作为寺中核心建筑，三层群楼肃穆凌然，红台中间万法归一殿俯瞰四方，鎏金铜瓦的殿顶闪烁着灿灿金光，雍容华贵。

除此之外，不得不提普宁寺。普宁寺地位显赫，远近驰名，它将汉族传统佛教与藏传佛教寺庙完美结合，使之成为我国北方最大的藏传佛教场所。金匾光芒四射，引人注目，黄龙浮雕盘卧四周，蓝底上藏汉文书写着“普宁寺”，熠熠生辉，大殿面阔五间，重檐式屋顶宏伟壮观，令人叹服。据说寺庙中的千手千眼观音像曾被誉为世界上最大的木雕佛像，每年都吸引了大批游人来此祈福，可见一斑。

永佑寺舍利塔位于万树园的东北侧，是乾隆游杭州六和塔与南京报恩寺的时候，感叹其秀丽，为报答母恩而仿这两座塔建造。此塔呈八角密檐，塔内雕刻有石像和大量的彩色壁画，檐斗和梁枋都以琉璃建造，塔尖鎏金铜铸，打破了山庄的平面视野，是到避暑山庄的必观景色之一。

以上只是承德寺庙群的一瞥，不能尽显其美，借着避暑山庄的悠然恬静，幽幽古寺中亭台楼阁林立，流水绕飞桥，风光别样。当你沿着石板铺成的路，走进承德的每一座寺庙，亲自领略一回，那么你将不忍辞别这里的一切，雾霭云烟匆匆，钟声杳杳，回荡在耳边，斑驳苍郁之间又是一处心的净土。

大殿面阔五间，重檐式屋顶庄严肃穆，令人赞叹不已。

正定寺庙群 千年佛国

河北正定自古以来就是名寺云集的地方，就像余秋雨先生所说的，正定寺庙群就是佛教千年史的剪影。在世人眼里，正定寺庙也许与他处并无不同，但是只有当你走进正定的每一座寺院，你才能理解那里的精华所在。

从石家庄出发，来到河北正定县，这第一个将要前往的地方，必然是隆兴寺。按照如今保存的程度，隆兴寺占了一个“最”，位于正定寺庙之首，更是宋代佛教寺院一处极为典型的实例，吸引了无数的古代建筑研究者和前来观光旅游的人。隆兴寺兴建于隋朝早期，初名原为“龙藏寺”，宋朝扩建，明清达到鼎盛，康熙时，改名为现在的隆兴寺。走进隆兴寺，殿宇高耸，错落有致，布局得当，向北是摩尼殿，两座配殿左右矗立，蔚为壮观。继续前行，接着转轮藏殿、慈氏阁和佛香阁，阁中铜佛像乃是世间真品，绝无仅有，堪称镇寺之宝。此外就是大悲阁，三重檐顶，33米高，阁中供奉正定大菩萨，菩萨千手千眼，每一只手里都拿有宝器，精美绝伦。

旅游小贴士

地理位置： 河北省石家庄市

最佳季节： 四季皆宜

开放时间： 08:00 ~ 17:30

旅游景点： 隆兴寺、开元寺、天宁寺、广惠寺

华塔四海闻名，是广惠寺的标志。

这排在第二位的非开元寺莫属。开元寺虽然始建于东魏，但是经过历代更名，又加上清末的动荡，曾一度毁灭，实为可惜。然而，开元寺内残碑之下的巨型赑屃可是天下独绝，据相关专家的考证，此物应该是后唐时期的雕塑，距今大约有1200多年了。话说龙生九子，各不相同，赑屃就是龙之长子，力大能驮重物，所以性情温和谦厚，也是镇水神兽。然而和别处的赑屃相比，开元寺的这只举世罕有，它体长8米多，身宽过3米，重达107000千克，简直就像传说中的神物一般，让人惊叹不已。

说到这里，自然不能少了天宁寺。天宁寺本名大藏院，始建于北宋，御赐名称"承天寺"，之后又改为了"报恩光寺"。尽管更名如此频繁，天宁寺依然未能逃过劫难，被毁后仅剩下一座大殿，到了元代得以修缮，所以天宁寺大殿包含了两代建筑的精髓，备受学者瞩目。大殿固然精妙，但依旧逊色于千年木塔凌霄塔，此塔在正定四塔之中为最高者，睥睨群雄，拔地而起，直冲霄汉，故而才有这"凌霄"一名，不过当地人习惯称其为木塔，显得更亲切一些。

最后两座，即为临济寺和广惠寺，两者各有千秋。临济寺就是唐朝著名高僧义玄法师修行的寺庙，他在此将禅宗发扬光大，并且提出了自己的观点，例如"三玄""三要""四料简"等要义，我们经常挂在嘴边的成语"当头棒喝"就是源于这里。广惠寺建立于唐初，位列正定八大寺院之中，寺院建筑蔚为壮观，更有一座华塔四海闻名，尽管寺院曾经损毁，但是此塔依旧尚存，所以华塔就成了广惠寺新的标志，甚至人们又将广惠寺称作"华塔寺"，不仅是对此塔的赞誉，更是对古寺的纪念。

隆兴寺是宋代佛教寺院一处极为典型的实例，吸引了无数的古代建筑研究者和前来观光旅游的人。

清利寺 佛教福林

眼下我们看到的清利寺是 1995 年重修的寺院，曾经的古寺在动乱时期已经被毁，如果要找寻清利寺的历史，那么关于寺庙变迁的石碑自然就成为稀有的文献资料了。据说清利寺中有一块石碑就记载了唐朝太和年间有关寺院的事件，由此世人得知清利寺又可称为“福林寺”，而“清利寺”曾是唐太宗李世民亲笔御赐的，按此来算，这座古寺至少也有上千年历史了。

清利寺建筑布局基本呈现平面方形，与传统寺庙规制相似，中轴线纵贯南北，从山门殿、天王殿到大雄宝殿，接着菩萨殿、法堂、藏经楼等，错落有致。寺庙与高山比邻，山峦起伏之间的变化与院落幽深的氛围相融，充分体现出了古代建筑讲究内敛含蓄的特点，使得观赏更加有韵味。

行走在寺院中，可以听见潺潺的流水声，松柏掩映之下，长亭与回廊只能看见一角，更引人入胜，袅袅云烟在林木间浮动，

庭院里松柏掩映，长亭与回廊只能看见一瞥，更引人入胜。

旅游小贴士

地理位置： 河北省石家庄市

最佳季节： 四季皆宜

开放时间： 07:00 ~ 19:00

旅游景点： 天王殿、观音阁、九龙壁、大雄宝殿

来往上香的人潮好像在仙界畅游一样。九龙壁上，琉璃浮雕色彩艳丽，9 条游龙翻腾于惊涛骇浪间，又有祥云环绕，让人眼花缭乱。大悲泉水清澈见底，四季更迭，细水长流，汩汩涌动的生命力像一株开满鲜花的老树一样顽强。走进天王殿，四大天王左右护卫，韦陀菩萨站立身后，留出主要位置，须弥座上一尊笑弥勒，开放的姿态让人格外欢喜。

往北走，不远处即是3座并排的金水桥，桥身美观，雕刻精细，站在桥上看四周景色，又是另一种模样。桥下水光潋滟，波光粼粼，这就是放生池。每到佛事，游客与寺中僧侣一同放生，感念佛祖的好生之德，池畔功德碑林耸立，记录了为寺院捐赠香火的施主姓名，作为答谢。

来到清利寺，大雄宝殿是必去的地方。作为寺中核心建筑，宝殿气势恢宏，睥睨群雄，踏进殿堂的一瞬间，那种震撼人心的气魄就出现在了眼里。满身镀金的释迦牟尼佛高大无比，像座小山一般，十八罗汉造型各不相同，千姿百态，环列在四周。

出了大殿，紧跟着来到观音阁，这也是寺院里的一道风景。观音阁中供奉着千手千眼的观音菩萨，形体巨大，菩萨的手臂和眼睛雕刻得十分传神，栩栩如生。

望着秀丽的白塔，夕阳的余晖洒落在百狮园与百象园的树影中，方丈院、禅堂、佛学院中的灯火已经亮了起来。僧侣们开始忙着为即将到来的佛事做准备，到了农历腊月初八那天会更加热闹，到时候重游古寺，岂不更美？

观音阁中供奉着千手千眼的观音菩萨，形体巨大，雕刻十分传神，栩栩如生。

天王殿是佛宫寺规模较大的宫殿之一，内部供奉着弥勒佛、韦陀菩萨等佛像。

佛宫寺 应县木塔福地

山西省朔州市的应县自古有名，城内的佛宫寺名扬四海，而寺里的木塔就是应县的精华所在。翻开历史古卷寻觅，古城应县从何处发源，从何时形成，当年的应州渐渐成了一个谜，明朝的田蕙也只不过弄出了“雁门外龙首两山呼应”的空谈，缺乏真实的证据，所以佛经里的“上应天道，下应群萌，实为应地”就成了目前最为合理的考证了，由此应县就与佛结下了缘分。

走进应县城里，连迎面吹来的风都似乎带有佛香的味道，来到佛宫寺，第一眼看到的只有木塔。话说此塔兴建于辽代，之后不断地修缮添补，历经百年，终于形成了今日的样子。《佛祖统计》《宋高僧传》等诸多历史文献都曾有过北天佛牙的记载，

庭院中树木不多，依然苍翠欲滴，灰瓦灰墙窄角门，胜似名家楼阁画卷里的风光。

应县木塔是我国现存最高、最古的一座木构塔式建筑，也是唯一一座木结构楼阁式塔。

其中“唐宣律师在西明寺行道，北天王太子以捷罗刹所授佛牙上于师”，最受佛界认同，而这位高僧珍存的一双佛牙就供奉在佛宫寺的木塔之中，甚至民间传说中还将此木塔说成了李天王手中所托宝物塔，可见应县木塔的名声果真不小。

作为我国现存最高、最古的一座木构塔式建筑，也是唯一一座木结构楼阁式塔，应县木塔可谓是堪比国宝。这座古塔承载着传统的古建筑风格，更是汉唐至今极富民族特色的建筑，据了解，木塔上的斗拱共计 54 种之多，各种组合之间的衔接变化莫测，与梁、坊、柱等其他部件紧密结合，巧夺天工，向世人充分展现出了我国古代建筑方面的卓越成就，更值得现代的人们研究、继承和发扬这样伟大的技艺。

站在塔前，山门与大殿一前一后，中间木塔高耸。4 米高的台基上 70 米高的塔身直刺入云，八角形重檐层层展开，由下往上，高阁内含夹层，共为 9 层。木塔双门朝向南北，可从楼梯盘旋而上，底层释迦牟尼佛，内壁 6 幅如来佛像彩绘，配有金刚、天王、弟子等人，二层方坛供奉佛祖、菩萨和胁侍，三层为四方佛，四层佛与阿难、迦叶、文殊、普贤群像，顶层则是毗卢舍那如来佛，纵观全塔，可谓一座佛国。

殿宇屋脊上纹饰秀美，鸱吻之上还有柱状的动物造像和植物浮雕，美轮美奂。

除了佛像与建筑构件，木塔更是文人作品的荟萃之地，想必是历朝历代的文人雅士和我们一样都瞻仰木塔，遗留下的墨宝作为纪念。从明成祖朱棣北伐过应县，亲笔题写的“峻极神功”，到明武宗在应县一带抵御外侵，大败鞑靼，犒赏三军留墨的“天下奇观”，还有清朝遗存的楹联“拔地擎天四面云山拱一柱，乘风步月万家烟火接云霄”“点检透云霞西望雁门丹岫小，玲珑侵碧汉南瞻龙首翠峰低”等。

站在塔上俯瞰佛宫寺，庭院中树木不多，依然苍翠欲滴，灰瓦灰墙窄角门，胜似名家楼阁画卷里的任何一处风光。殿宇屋脊上纹饰秀美，鸱吻之上还有柱状的动物造像和植物浮雕，美轮美奂。

旅游小贴士

地理位置：山西省朔州市

最佳季节：四季皆宜

开放时间：07:00 ~ 19:00

旅游景点：应县木塔、牌楼

云冈石窟 佛教艺术宝库

北魏是中国佛教历史上的重要时期，文成帝初年开凿的云冈石窟，向两边绵延 1000 米，建造时间长达数 10 年，工程浩大，蔚为壮观。然而斗转星移，物是人非，千年的岁月静静地把这块瑰宝安放在了山西大同西郊的武周山，等着世人慢慢揭开它的神秘面纱。

旅游小贴士

地理位置：山西省大同市

最佳季节：5 ~ 10 月

开放时间：08:30 ~ 17:30

旅游景点：灵岩寺、昙曜五窟、佛光大道、礼佛浮雕墙

斑驳的崖壁上布满石窟，非常壮观。

云冈石窟是我国规模最大的古代石窟群之一，与敦煌莫高窟、洛阳龙门石窟和天水麦积山石窟并称为我国四大石窟艺术宝库，主要有洞窟 45 个，大小窟龛 252 个，石雕造像 50 000 多尊。

走近云冈石窟，到处充满了佛的韵味。云冈石窟虽然历经岁月的洗礼，可是其艺术魅力没有遗失，处处绽放着当时佛教鼎盛的气息。踏上云冈石窟，各个石窟分布无规则，或单、或双、或大、或小，在洞窟内雕刻有大小不一的佛像，惟妙惟肖。第一窟和第二窟为双窟，位于云冈石窟的东端。石窟中的佛像大多饱受风化侵蚀，损坏严重，因此仅存的佛本生故事浮雕就更加珍贵了。

第三窟是云冈石窟中最大的一个，石窟分为前后两室，前室弥勒佛端坐，后室中雕刻有 3 尊造像，外形圆润丰满，衣纹流畅，花冠精细。其中中间的本尊佛约高 10 米，安详端坐；两侧的站立佛像约高 6 米，庄严肃穆，是为护法。

在云冈石窟中，第五窟是最具有代表性的一个，规模庞大，雕刻技艺高超，其后室的主佛为三世佛，坐像高 17 米，是云冈石窟最大的佛像。佛像背倚石山，盘膝而坐，注视远方。两侧拱门刻有二佛对坐在菩提树下，顶部浮雕飞天，线条优美。第六窟

沿着石窟而建的寺庙。

石窟内雕像的色彩鲜艳，构造细腻。

与第五窟也是双窟，石窟中央是一个连接窟顶的两层方形塔柱，约15米高，四周分别有4尊佛像端坐，北面雕有释迦多宝对坐像，南面有坐佛像，东面雕刻交脚弥勒像，西面雕有倚坐佛像。同时在四周还有33幅描写释迦牟尼从诞生到成道的佛传故事的浮雕，生动传神。

云冈石窟因建造时间不同，石窟的艺术风格也大为迥异。早期的“昙曜五窟”气势磅礴，具有浑厚、纯朴的西域风情，说明当时佛教还没有真正融入到汉文化之中；中期的石窟则以精雕细琢、装饰华丽著称于世，可见当时的佛教在中原的鼎盛和富丽；晚期窟室中的佛像以清瘦俊美为主，是我国北方石窟艺术的榜样和“瘦骨清像”的源起。所以说云冈石窟是石窟艺术“中国化”的开始。

一尊尊佛像在精湛的斧凿刀刻下逐渐显露成形。侧耳倾听，仿佛有穿凿的铁锤声和空灵的梵音又一次响起。漫步在历史画卷中，有战争的硝烟，有百姓的悲苦，有世事的沧桑，还有今天的回望。

释迦牟尼雕像，生动传神，背后的日轮上细致精美，展示着高超的雕刻技艺。

五台山寺庙群 佛门圣地

菩萨顶位于高处，俯瞰云海奇观，宛若天上仙宫。

山西省忻州市的五台山，堪称我国佛教四大名山之首，从东汉时期由西域而来的求法使者印度高僧迦叶摩腾和竺法兰在此传法开始，一直绵延至今，源远流长。话说当时名叫清凉山的五台山五峰耸立，俊秀伟岸，气势非凡，形似佛祖释迦牟尼的灵鹫山，于是二位高僧奏请皇帝开山建寺，宣扬佛教，可见此地人杰地灵，不愧为一方极乐世界。

登顶遥望，五台山上 5 座峰台犹如 5 朵莲花，仿佛注定为佛门盛开。东台望海峰，海拔 2795 米，彩霭齐山头，沉鱼落半腰，云深不知处，恍若仙境游。西台挂月峰，海拔 2773 米，架云挂月，奇中见险，“顶广平，月坠峰巅，俨若悬镜，因以为名”。南台锦绣峰，海拔 2485 米，青峦叠翠，生机勃勃，“顶若覆盂，圆周一里，山峰耸峭，烟光凝翠，细草杂花，千峦弥布，犹铺锦然，故以名焉”。北台叶斗峰，海拔 3061 米，高耸挺立，直刺长空，是五台最高峰，有“华北屋脊”之称。中台翠岩峰，海拔2894米，亭亭华盖，峻秀伟岸，因台“顶广平，圆周2500米，巅峦雄旷，翠霭浮空，因以为名”。东西南北中，五台傲然耸峙，气势非凡。

作为佛门圣地，寺庙建筑是必不可少的，现存较为完整的寺院有90多处隐匿在5座峰台之间。游走其中，仿佛时光倒流，庄严的建筑、肃穆的佛像、袅袅升起的香火在崇山峻岭中闪烁着耀眼的光芒，诠释着佛法的高深。

显通寺位于中心区域，是五台山规模最大、历史最悠久的一座寺院。寺庙兴建于汉代，初名大孚灵鹫寺，清康熙年间，改名为大显通寺。寺内有大雄宝殿、大文殊殿、无量殿、铜殿、藏经殿等400多间建筑。大雄宝殿为举行佛事活动主要场所，是显通寺的第三重大殿，殿内供奉有3尊佛像。大文殊殿，是显通寺的第二重大殿，内部供着7尊文殊菩萨像。无量殿是一座仿木结构的砖石建筑，外檐砖刻斗拱花卉，内雕藻井悬空，形似花盖宝顶，殿内供有无量佛。殿内保存的《华严经》字塔，由约6米长、2米宽的白绫组成一幅七层宝塔图像，上有用蝇头小楷写的《华严经》80卷，是稀世珍宝。

菩萨顶是五台山最大的喇嘛寺院，古时还是历代皇帝朝拜五台山时的行宫，具有典型的皇家特色，金碧辉煌，绚丽多彩。寺庙始建于北魏孝文帝年间，历代多次重修，明永乐年间，蒙藏喇嘛教徒进驻五台山，后成为五台山黄庙之首。寺庙盘踞山顶，顺山就势而建，殿宇云集，布局严谨，雄伟壮观，主要分布着天王殿、钟鼓楼、菩萨顶、大雄宝殿等主要寺庙建筑。现存的建筑多是清代所建，以皇宫官制为参照，富丽堂皇，气派鼎盛。

五台山寺院地处绝境，远避红尘，为僧侣和修行之人找到了一处净土。走在五台山绵延的山路上，山林中古木参天，偶尔传来几声清脆的鸟鸣，寺庙的建筑隐藏在一片秀丽之中。轻轻拂过斑驳的转经筒，耳边传来梵音阵阵，轻嗅着淡淡的香火味，世间的凡俗之气在五台山千百年的佛香中涤荡、消散，使人骤然心生眷恋，想问谁不愿意在此停步，看看真正的淡泊名利呢？

五台山是我国四大佛教圣地之一，位列我国佛教四大名山之首，佛教庙宇众多，气势恢宏。

龙泉寺门前的石牌坊，全部是汉白玉镂空雕琢，有蛟龙89条，花费10年时间雕刻完成。

精美的石雕，工艺精湛。

旅游小贴士

地理位置： 山西省忻州市

最佳季节： 夏季

开放时间： 06:30 ~ 20:00

旅游景点： 菩萨顶、显通寺、塔院寺、殊像寺、五台山万佛阁、黛螺顶

恒山寺庙 云海禅寺

佛堂内佛祖金像光芒四射，四壁彩绘精美，画中人物栩栩如生。

恒山——五岳中的北岳，位于山西省浑源县境内，是恒山山脉的主峰，海拔 2017 米，被誉为“塞北第一山”。这里汇聚 108 座山峰，绵延 1200 多千米，横跨山西、河北两省，东连燕山，西临雁门关，南倚三晋，北瞰云代，巍峨耸峙，苍苍茫茫。这样的一处宝地，自然缺少不了名胜古刹。

来到恒山，有一个地方你不能不去，那就是恒山“十八景”中的第一景——悬空寺。悬空寺位于金龙峡西侧翠屏峰的峭壁间，以如临深渊的险峻而著称，素有“悬空寺，半天高，三根马尾空中吊”的俗语。寺院建于北魏后期，是我国仅存的佛、道、儒三教合一的独特寺庙。原名“玄空阁”，“玄”取自于道教教理，“空”则来源于佛教的教理，后因寺院像悬挂在悬崖之上，“悬”与“玄”同音，遂改名为“悬空寺”。悬空寺长约 32 米，最高处距地面 50 多米，有楼阁殿宇 40 间，整体上呈一院两楼布局。南北两座雄伟的高楼悬挂在悬崖峭壁上，凌空相望，环廊合抱，殿阁交叉，栈道飞架，各个相连，高低错落。长约 10 米的长线桥上楼阁高悬，楼内建殿，连接南北两楼，形成了一处集奇幻、奇险、奇巧的景观。其选址之险，建筑之奇，结构之巧，堪称世界一绝。

悬空寺建于北魏时期，距今有 1400 多年，是我国仅存的佛、道、儒三教合一的独特寺庙。

悬空寺的灵秀之气如果分成两部分，那么佛教气息可以取一半，剩余一半必然要归于恒山的山水精华，著名的“恒山十八景”自然独占鳌头。站在寺中高处，放眼望去，东西两侧各有一座山峰，天峰岭和翠屏峰，两峰相峙对望，峰岩叠嶂，草木杂生，美若画卷。两峰之间为金龙峡，壁立千仞，青天一线，是出入恒山的天然门户。每当大雨倾泻而下，峡谷间雨雾纷飞，晴岚缥缈，溪水夺路而下，汇集的洪水滚势滔滔，奔流而去。明代大旅行家徐霞客赞叹“伊阙双峙，武夷九曲，俱不足以拟也”，这就是恒山著名的景观“磁峡烟雨”。

佛像雕刻细腻精巧，充分展现了我国石雕艺术的高超水平。

三教圣地、风土民俗，无不成景。恒山，不仅是一座名山，也是一个古代艺术的宝库。同时作为北岳大帝的居住地，自然少不了仙山洞府。在恒山的紫芝峪东崖上，有一处刻有“白云灵穴”的山洞，名为出云洞或是白云洞。传说此洞深不可测，下通地海龙宫，每逢降雨时，洞内就会吐出团团白雾，云雾滚滚，霎时漫山云雾缭绕，烟岚缥缈，霖雨霏霏，如置身仙境，是登游恒山可遇不可求的独特景致。

恒山是三教合一的胜地，佛教在此立足传承香火，佛像聚集。

恒山在自然的鬼斧神工之下脱尘而出，又享受着悬空寺的梵音和儒道文化的侵染，自是气度不凡。置身于悬空寺中，钟声响起，一阵阵在山峰与云海之间回荡，悠然辽远，使人感到心旷神怡。

旅游小贴士

地理位置：山西省大同市

最佳季节：4 ~ 10 月

开放时间：（春夏季）06:30 ~ 19:00；（秋冬季）08:00 ~ 18:00

旅游景点：悬空寺、云阁虹桥、虎口悬桥

第二章

西北和东北地区名寺古刹

万安禅院 石窟佛洞圣地

佛像雕饰十分精细，细节之外匠心独运，色彩搭配深浅得当。

在黄土高原上也有着浓郁的佛教气息，陕西省黄陵县双龙镇的万安禅院就是一处值得人回味的佛国圣地。在这里，你将领略到另一种诠释“佛”的方式，那就是石窟佛洞。

万安禅院常常也被人称作万佛寺或千佛洞，也有不少人称其为双龙石窟、石空寺。据史料记载，这里的石窟开凿于北宋绍圣年间，之后又经过明、清两代的不断扩展，颇具规模，在历史上四海闻名。

踏着山路走进万安禅寺，穿过了牌坊，远处的青山映入眼帘，林中树木茂盛，沿着甬道向寺院中走去，一路上迎面吹来的凉风使人慢慢放松了下来。庭院里地势平坦，石刻的香炉上，“万安禅寺”4 个大字极为醒目，树林中传出几声鸟鸣，显得更加幽静，抬头仰望寺院中的石壁，才会发现许多殿宇都藏在其中。

漫步在石壁前，不多时就能走到娘娘庙。这座庙堂浅小，檐前由木头雕成斗拱，略带装饰，其他嵌入岩壁，门前两边红柱上有一副对联，上手写“抱来天上麒麟子”，下接“送与人间积善家”。堂中前立石刻三足香炉，后有一龛，龛中正坐娘娘的塑像，彩装绸缎，引人注目，左右两侧壁上皆为彩绘，人物鲜活，极富生气，十分精美。再往前走，来到祖师庙，与娘娘庙相比，这间庙略大一些，也是留出门檐，殿堂陷在岩壁里，四周灰色的岩壁露出了微微的青苔，古树的根系扎进石缝里，祖师庙融入此景，显得古朴典雅。堂中 3 位佛祖盘腿坐在莲花台上，在彩漆的描绘之下，

旅游小贴士

地理位置：陕西省延安市

最佳季节：四季皆宜

开放时间：08:00 ~ 17:00

旅游景点：娘娘庙、祖师庙、药王庙、石窟

石窟朝东敞开，平面呈现“T”字形，门口处有石凿的仿木质屋檐。

⬆ 药王庙悬在半壁空中，必须攀上洞口前的木质梯子才能进入。

⬆ 娘娘庙庙堂浅小，檐前由木头雕成斗拱，略带装饰。

雕像变得鲜亮无比，生动逼真。药王庙和前两者相比就显得更为“深入”，完全放进了石洞里，要进入药王庙，就必须攀上洞口前木质的梯子才行，可谓妙趣横生。

现在该进入千佛洞了，慢慢进入石窟，古老的影像就开始在面前浮现。此时你可能会听到当年那些凿洞刻像的声响，像缓慢而沉重的脚步踏过百年后的石洞一般。石窟朝东敞开，平面呈现“T”字形，门口处有石凿的仿木质屋檐，虽然保留下来的石窟规模比以前小了许多，但是石窟雕刻水平依然极为高超。细细浏览，洞窟中大大小小的石像琳琅满目，有立佛、卧佛、坐佛、跪佛等，形态万千，不可名状。凝视中间的佛台上，三世佛岿然不动，释迦牟尼佛正身端坐在莲花台上，药师佛和阿弥陀佛分居左右，佛像雕饰十分精细，从佛像的头发、手指、衣褶和面部表情都能看出雕刻者的匠心独运，以及深浅得当的色彩搭配，尽显万安禅院的石窟造像非比寻常。

沿着甬道往里走，两壁上日光、月光菩萨及涅槃图，让人目不暇接，此外还有五百罗汉、一百徒众的浮雕，千手千眼观音、文殊、普贤、地藏等石像同样精美绝伦，值得一看。

⬆ 祖师庙内，3 位佛祖盘腿坐在莲花台上，在彩漆的描绘之下，雕像变得鲜亮无比。

兴教寺 樊川八大寺之首

兴教寺坐落在古都西安城南，与少陵相依，因此又被世人称作“大唐护国兴教寺”，位列唐代樊川八大寺之首，四海闻名，举足轻重。据说玄奘法师将真经取回，放入大雁塔内，又开始四处广播佛法，奔走一生，圆寂在了铜川玉华宫，最后就是在兴教寺安葬了遗骨。其弟子窥基法师和圆测法师承袭衣钵，功德圆满之后，也一同安眠于此。所以兴教寺备受四方推崇。

唐三藏塔即玄奘舍利塔，位于寺院中央，塔高 5 层 21 米，内塑玄奘法师像。

相传唐高宗十分仰慕玄奘法师，他得知法师圆寂，悲痛欲绝，常常在大明宫的含元殿前眺望，却只有孤独的白鹿原耸立，不见法师身影，高宗眼含热泪，暗自呜咽，甚至在朝堂之上为其致哀。皇后知道缘由后，就将玄奘佛骨迁移到了长安城外，并建立了寺庙以作纪念，才了却了唐高宗的一块心病。故事感人肺腑，更令人惋惜和敬佩。

从寺院建立初取名大唐护国兴教寺，就可见其地位之高，后来肃宗又为舍利塔御笔题字“兴教”以示宣扬佛教，更是锦上添花。自此之后，兴教寺扬名天下，受到人们的朝拜，尽管岁月匆匆，朝代更换，都未能消减兴教寺在人们心中的印象。走进现在的兴教寺，古朴的气息就扑面而来，山门前门楼高高耸立，“护国兴教寺”匾额横在门上，跨进寺院内，鸟语花香，还有葱郁的松柏，让人感到清凉和宁静。紧跟着看见的就是独立的楼阁——钟楼，钟楼里有大钟高悬，等到黄昏时分，就会有浑厚的钟鸣声响彻寺院，传向远处的原野。

藏经阁里经书浩如烟海，其中像《碛砂藏经》《大正藏经》《频伽藏经》等，皆是精品。

转过钟楼，抬头可以看见，瓦顶平阔展开，飞檐微翘，这就是大雄宝殿。门廊正上方是赵朴初居士的题字“大雄宝殿”，往殿中高堂上望去，浑身镀金的释迦牟尼岿然不动，尽管只有3米来高，却有1360千克，并且还从元代保存至今，十分珍贵。阿弥陀佛像和弥勒佛站在一旁，这两尊像也非比寻常，前者出自明朝，后者为缅甸赠送，都可谓是稀世珍宝。东西两侧各有一尊明朝藏菩萨像和一尊唐朝观音像，同样不容小觑。

寺院中的藏经楼，分成楼上、楼下两层，下边为玄奘法师的纪念作品，还有一些珍贵的史料照片；二楼皆为佛寺藏经，例如《碛砂藏经》《大正藏经》《频伽藏经》《续藏经》《大中华藏经》等大藏经，藏书极为丰富。

还没有进西跨院，就已经看见了3座并立的舍利塔。这3座塔分别是玄奘法师及弟子园测和窥基的佛骨安眠之处，四周皆是古树，苍翠欲滴，柳暗花明，十分幽静。唐三藏塔即玄奘舍利塔位于寺院中央，塔高5层21米，内塑玄奘法师像，因为塔背刻有《大唐三藏大遍觉法师塔铭》，所以唐三藏塔又可称为“大遍觉塔”。“基师塔”是玄奘弟子窥基的舍利塔，宝瓶塔刹耸在尖塔顶上，塔身流畅，棱角分明，与其相配的是圆测舍利塔，7米多高的塔身立在翠绿的树木中间，和窥基塔遥相呼应。来往的僧侣和游客走到寺中，看见3座塔，都会默默祈祷，瞻仰前人，缅怀高僧。

旅游小贴士

地理位置：陕西省西安市

最佳季节：四季皆宜

开放时间：08:00 ~ 17:00

旅游景点：玄奘塔、窥基塔、圆测塔

大雄宝殿供奉释迦牟尼，佛像浑身镀金，高3米，重1360千克。

卧佛殿是一座单檐高阁，坐落在高台上，气势恢宏。

大慈恩寺 雁塔佛光宝地

大雁塔是玄奘为保存从天竺带回的经书而建，通高 64.5 米，是现存最早、规模最大的唐代四方楼阁式砖塔。

大慈恩寺，又名无漏寺，是 648 年唐朝太子李治为了追念生母文德皇后而奏请太宗敕建的。因为是皇家所建，具有其他寺院所不能相比的显赫地位与宏大规模，寺内装饰富丽堂皇，颇具皇家气派。

大慈恩寺的前面便是大雁塔南广场，广场中央矗立着玄奘法师的高大铜像。他身披袈裟，手持锡杖，面朝前方，目光坚定，步伐沉稳，仿佛正坚定不移地走在西行取经的路上，任何艰难险阻都不能使他停下前行的脚步。玄奘姓陈名祎，出家为僧后，遍访高僧名贤，穷尽各家学说，誉满京师，被称为“佛门千里驹”。他为解决佛教中的疑难问题出发去佛教的发源地天竺取经，并被授予佛家最高称号“三藏法师”，返回长安后，潜心翻译佛经经典 19 年。唐太宗尊称他是“法门之领袖”，唐高宗称他为“真如之冠冕”。

寺院墙壁上的游龙浮雕，工艺精美，栩栩如生。

大慈恩寺的正门也叫三门，中间的是空门，东边的是无相门，西边的是无作门，象征入门三解脱，所以平常我们说出家为僧也叫堕入空门。进入慈恩寺，我们便可看到东边有一钟楼，里面悬挂一口铁钟，钟上有“雁塔晨钟”4 个大字，笔力苍劲。西边的是一座鼓楼，楼里悬挂一面大鼓，寺中僧人皆是闻钟而起，暮鼓而眠。

大雄宝殿是整个寺院的中心建筑，庄严肃穆，高高在上的佛眉宇低垂，不看纷扰红尘。大雄宝殿檀香袅袅，佛乐阵阵，一片祥和。穿过大雄宝殿继续往北走，便可看到佛寺中的大雁塔，整座塔气势雄伟，造型古朴典雅，是我国佛教建筑艺术中的伟大杰作。该塔建于唐高宗永徽三年 (652 年)，因坐落在慈恩寺内，故又名慈恩寺塔。大雁塔可分成塔基、塔身、塔刹 3 部分，全塔约 65 米高，塔基向南北伸展 48 米多，东西长约 45 米，离地 4 米；塔身呈方锥形，底层边长 25 米；塔刹高近 5 米，每层的四面各有一个砖券拱门。大雁塔最早建立时共有 5 层，但高

玄奘法师身披袈裟，手持锡杖，目光坚定。

旅游小贴士

地理位置：陕西省西安市

最佳季节：春秋季

开放时间：08:00 ~ 17:30

旅游景点：喷泉广场、雕塑广场、大雁塔、玄奘法师雕像

达 60 米，后唐高宗李治进行了修改，变为了 9 层。塔内有楼梯，可以盘旋而上，站在塔上，极目远眺，长安风景尽收眼底。

大雁塔基座四面开有门石，对联和线刻佛像等纹饰布满门框。南门的券洞两侧嵌置了《大唐三藏圣教序》和《大唐三藏圣教序记》碑石，分别为唐太宗李世民和唐高宗李治撰文，大书法家褚遂良手书，碑文高度赞扬了玄奘法师为佛教做出的贡献。这两块碑石不仅具有珍贵的史料价值，也具有非凡的艺术价值。

“雁塔题名”是大雁塔最辉煌的一页历史，也是关中八景之一。唐朝新中的进士都会来到大雁塔进行题名，乃是天地间第一流人、第一等事也，是当时雁塔之风光写照。雁塔题名的人中，最出名的当属白居易，27 岁一举中第，在雁塔上写下了“慈恩寺下题名处，十七人中最少年”的诗句，表达他少年得志的喜悦。后世文人皆以之为荣，竞相效仿，相沿成习。千百年来，雁塔上留下了无数文人的诗作题记，成为文化史上浓墨重彩的一篇。

一院寺，一座塔，巍然耸立，历经千年，写满了王朝兴衰，写尽了人世沧桑。大雁塔是西安的象征，玄奘法师千辛万苦从天竺带回了卷经佛像，使佛法广播中华大地。大慈恩寺，千余年来守候着古老的信仰，传唱一段佳话。

夜晚的广场灯火辉煌，大雁塔在一片灯海中静静矗立。

大佛寺 古道边的寺庙

千年的悠悠古道，已被历史的风沙掩埋，古道边的寺庙历经沧桑，依然散发着耀眼的光辉，传承着历史的文明，吸引着一批又一批、一代又一代的人们进行无尽地探索！它是古丝绸之路上遗留的明珠，是中西文化交流融合的种子，它就是彬县大佛寺。

大佛寺地处丝绸之路北干道的主干线上，原名“应福寺”，大佛寺石窟大规模开凿于唐朝贞观二年（628 年）。北宋仁宗皇帝为其养母刘太后举国庆寿时，改名“庆寿寺”。大佛寺石窟分为大佛窟、千佛洞、罗汉洞、丈八佛窟四部分，共计 130 孔洞窟，佛龛 446 处，1980 多尊造像，错落有致地分布于 40 米长的东西向立体崖面上。

千佛洞中造像300多尊，且多浮雕，千姿百态、各有特色。

来到大佛寺，放眼望去，那依山而立的楼阁典雅壮美，那大大小小的洞窟多如蜂窝，山下绿树成荫，景色秀丽，引人驻足而立。走进大佛寺，最先引人注目的便是那高耸入云的古刹，为保护大佛窟而建，寺有楼亭5层，高38米，因山而起，依窟造楼，精巧宏伟。其下部两层由砖石砌成，两边有石阶可达平台，坚固而开阔。中间有砖砌甬洞可进出大佛窟，第二层正面有砖砌拱洞3孔，可正面瞻仰大佛。两层基座之上便是三层楼阁，建筑精巧，装饰辉煌，最上一层的正中央高悬“庆寿寺”匾额。

由护楼进入大佛窟，这是全寺最大的石窟。窟内有一佛二菩萨石胎泥彩塑像3尊。大佛居于中央，静坐于莲花台上，前胸袒露，佩戴挂于腰间，右手掌心向外，其中无名指向前微屈；宝石蓝螺髻护顶，双耳垂肩，眼神平静地注视着前方，仿佛静静地注视着这片大地上的众生。整座佛像看来端庄肃穆、形象传神。大佛左右两侧的观世音菩萨和大势至菩萨，身高均在15米左右，头顶宝冠灿灿生辉，一身璎珞下配羊肠大裙，手持法相，面相丰圆，雅致恬静，使人望而心静。

大佛寺中的菩萨头戴宝冠，身着璎珞，面相方圆，佼秀俊雅。

大佛窟的两侧则是大大小小的窟群，各有千秋。在大佛窟以西200米处便是丈八佛窟，又称“应福寺”。造像之中，丈八佛身高7.5米，两旁约6米高的菩萨随侍，不敢怠慢。此处沿山开凿九孔小石窟，共有各式造像108尊，造型不一，端庄肃穆。

“邵州有个大佛寺，把天顶得咯吱吱”，这个彬县百姓口中的顺口溜，妙趣横生。“丈八佛见大佛”的故事广为流传。相传大佛的大名传到了甘肃泾川县，丈八佛听闻后，很不服气，于是便想和彬县大佛比试一番，然而当丈八佛目睹大佛尊容时，已心悦诚服。在参观了大佛寺的洞窟之后，丈八佛毅然决定留下来，担当大佛的侍从，便在“应福寺”坐禅。为表敬意，丈八佛更是一直站着侍奉在大佛左右。直到今日，我们一进“应福寺”，便可看到站立的丈八佛。

大佛窟东侧的千佛洞，主像为弥勒佛，除少数立像外，大多为浮雕。这些造像千姿百态，大多灵动飘逸，宛若流星。大佛窟西侧的罗汉洞，有 100 多尊造型各异的造像，以释迦牟尼像为主像，其余为菩萨、力士、金刚等。千佛洞的东边还有一修行窟，不同于其他洞窟，洞内无造像，也无题字。洞窟多为方形、圆形或椭圆形，洞窟之间以竖井相连，或以石廊相连，或以崖上凿除的石台阶相连。这种庞大而连贯的僧房窟群在中国的佛教石窟建筑中是极少的，具有极高的历史文物价值。

大佛寺虽是我国传统寺庙，但石窟内的石雕、泥塑、彩绘等反映出了西域乃至印度佛教文化的很多典型特征。这是古代中西文化交流融合的真实写照，是丝绸之路北路的地标，也是中国佛教艺术史上的一盏明灯。

言语无法道尽大佛寺的艺术成就，就如同清代学者毕沅曾高度评价大佛寺那样，将其誉为“天下第一奇观”，可谓实至名归。

旅游小贴士

地理位置： 陕西省咸阳市

最佳季节： 四季皆宜

开放时间： 08:00 ~ 18:00

旅游景点： 护楼、大佛窟、千佛洞、罗汉洞、丈八佛窟、修行窟

站在前门外眺望寺庙，依山而立的楼阁典雅壮美，那大大小小的洞窟多如蜂窝。

大佛窟中的大佛是全寺最大的佛，宝石蓝螺髻护顶，两耳垂肩，平和安详、端庄肃穆。

钟山石窟 我国最早的石窟

陕西子长县西的钟山南坡有一处石窟，名为钟山石窟，也常被称为万佛岩或普济寺等。从晋代兴建，经历南北朝，隋唐直到明清的不断开凿，据史料记载，曾有18窟之多，蔚为壮观，来此上香的人们络绎不绝，名噪一时，此处素有“人间胜地”的美誉。

听现代考古发掘的专家们说，钟山石窟可谓是我国石窟文化的源头，是我国最早的石窟，其石窟造像的艺术水平毫不逊色于“四大石窟”，更可与敦煌莫高窟相提并论。拂去历史的尘埃，这座艺术的宝库尽管曾经风光无限，但也终难逃过劫数，巍峨绵延的宫殿楼宇在荒乱年代里毁于兵祸，让人惋惜。

历史是残酷的，兴衰荣辱是必然现象，也许正是因为岁月的选择，那些留下来的就成了永远不朽的经典，钟山石窟的故事同样如此上演。钟山石窟的毁灭和重生是交替进行的，所以直到现

洞壁浮雕的刻画手法传神凝练，常令人拍手称赞。

在，这些石雕的洞府还在拓展，如今走进这古老的艺术圣地，人们还是带着崇高的敬仰之情。

钟山石窟核心位于万佛岩，其窟内面积为 225 平方米，规模巨大，使人叹为观止。走进万佛岩，仰面窟顶上平阔，莲花藻井展开，典雅美观，沿着石壁不断深入，不远处便可以看到窟内的大型石台，台上则是群佛雕像，让人眼花缭乱，目不暇接。其中三世佛最为引人注目，释迦牟尼佛高居正中位置，当仁不让，俯瞰四方，左右是阿弥陀佛和药师佛，分别代表了前世和未来。三世佛前，弟子迦叶和阿难静静站立，又有文殊菩萨乘坐金狮和普贤菩萨驾驭白象守护两侧。慢慢退出石窟，眼前的风景虽然还是石刻造像，但内容却大有不同，抬眼观看，就见道教仙翁老子立于石窟外壁之上，仙风道骨，姿态翩翩，如羽化登仙一般，更有关圣帝相伴在左，尽管看不到如重枣的脸色，但是飘飘长须和美髯依然可以看得真真切切，不禁令人想起关羽手持青龙偃月刀，骑坐赤兔马的风姿。像这样的三教聚会，孔圣人不可能不出席，据说孔子是清朝“迟到”的嘉宾。立于基座上的孔子塑像一袭青袍，向前微微躬身，显得彬彬有礼，将儒家礼乐治世的胸襟和气度展现得淋漓尽致。

不要心急，石窟的品鉴就和看画品茶一样，匆匆地赶路就会失去回味和咀嚼的体验，更会让旅程变得疲惫。何不放下包袱，倚在某处的院落深处，或者洞窟的门角驻足一会，寻找那些被人遗忘的细节，一道看似没有价值却又带有玄机的凿痕、一朵埋在尘土中的须弥座上的悠悠祥云、一弯隐藏在石龛佛像嘴角的浅浅微笑……这些都蕴藏着历史的古韵。

旅游小贴士

地理位置： 陕西省延安市

最佳季节： 四季皆宜

开放时间： 08:00 ~ 18:00

旅游景点： 万佛楼、钟鼓楼、三官楼、观音阁

万佛岩窟内面积为 225 平方米，规模巨大，使人叹为观止。

三世佛最为引人注目，释迦牟尼佛高居正中，阿弥陀佛和药师佛陪在其左右。

法门寺 关中塔庙之祖

真身宝塔因塔下藏有佛祖真身舍利而得名，形状与明塔相同，八卦定向，13 级，高 47 米，雄伟壮观。

陕西宝鸡市作为炎帝故里、青铜器之乡被世人皆知，然而它闻名遐迩的缘由并不仅仅是这些，因为还有法门寺。法门寺的名字，相信你一定不会陌生。其始建于东汉末年恒灵年间，素有“关中庙塔始祖”之称。历经 1700 多年的岁月，规模宏大，拥有 24 个院落，一直是我国重要的寺庙，是我国古代四大佛教圣地之一，受人瞻仰。

“千年唐脉，万世法门”，法门寺的大唐气象和悠久历史是其他寺院所无法比拟的，自古以来，这里就香火旺盛。法门寺供奉佛指舍利，弘扬佛法，尤其是唐太宗等 8 位皇帝“穷天上之庄严，极人间之煌丽”，每 30 年迎奉法门寺佛指舍利入京都长安供奉，令朝野轰动，举世瞩目。这使得法门寺名扬天下，成为“关中塔庙之祖”，长安也一时成了佛教文化的中心。

在黄土阡陌中，蓝天白云下，法门寺雄浑壮丽，端庄肃穆。法门寺院以“真身宝塔”为寺院的中轴，建筑结构古今结合，形制以仿唐为主，屋顶为飞檐筒形青瓦，风格古朴典雅。过了天王殿，就是巍然耸立的13级舍利砖塔，它以唐塔为基础，以明塔为标准，具有楼阁式风格，挺拔俊秀。法门寺以建筑特有的艺术语言表达出了佛教文化的博大与智慧。

法门寺现保持了前塔后殿的佛教寺院的典型建筑格局，法门寺的前殿供奉的是释迦牟尼的法身佛毗卢遮那佛，两旁是文殊菩萨和普贤菩萨，在大殿的两边还有十八罗汉像，诸佛皆为铜铸，所以前殿也叫作“铜佛殿”。

穿过大殿，就能看到法门寺的真身宝塔，现存的宝塔是1988年重新修建而成的，其以钢筋水泥为骨架，由青砖砌色而成，共13级，47米高，看上去，很是雄伟壮观。另外，为了方便游人登高远望，塔内修建有平台。

法门寺因安放释迦牟尼的指骨舍利而闻名于世，也算是因舍利而建塔。公元前3世纪，阿育王为弘扬佛法，将佛的舍利分

旅游小贴士

地理位置： 陕西省宝鸡市

最佳季节： 3 ~ 11月

开放时间： 08:00 ~ 17:30

旅游景点： 珍宝馆、唐代地宫、合十舍利塔、佛光大道、佛光阁

合十舍利塔始建于2004年，由台湾建筑设计师李祖原设计，塔高148米，呈双手合十状。

↑ 堂内金台底座正面为菩萨浮雕，四周万佛拥护，顶上如来佛祖高坐，俯瞰眼底群像。

成 8.4 万份，分送世界各国建塔供奉，我国有 15 处，法门寺是第五处。法门寺原名为“阿育王寺”，唐朝时，改名为“法门寺”，并沿用至今。

法门寺之所以一夜之间声名大噪，是因为 1987 年法门寺地宫的发现，历经千年终于得见天日。法门寺地宫是迄今为止发现规模最大、保存最完好、年代最久远的寺塔地宫，为唐代原建筑，随之出土的有 4 枚珍贵的释迦牟尼佛指舍利和 2499 件珍宝。打开地宫的大门，千年的时光仿佛并未在此留下痕迹，一切恍然如新，色彩艳丽的丝绸服装，精心雕刻的壁画，地宫内不仅藏有大量佛像、佛经等佛教珍品，也有许多唐代皇室的珍宝。从这些精美的瓷器、雕工细致的工艺品就可以看出当年的大唐盛世之繁华。

法门寺中还有一景颇具特色，合十舍利塔，为台湾建筑大师设计，塔高 148 米，共 6 层，分地面和地宫部分，外观好似人的双手合十状。双手合十表示了佛教的仪式特点、基本理念和人类追求和平的美好愿望。在双手合十的空间之内，又供奉有三身、三世诸佛、菩萨。在合十舍利塔前，是一条长 1230 米，宽 108 米的佛光大道。其分为主道和辅道两部分，主道两旁有用花岗石雕刻而成的巨大佛像。

↑ 站在门前，在蓝天白云下，法门寺雄浑壮丽，端庄肃穆。

麦积山石窟 东方雕塑馆

龙门、云冈或是莫高窟的名声过盛，作为我国四大石窟之一的“麦积山石窟”似乎鲜为人知，但是它的伟大之处绝不会被掩盖，当历史的记忆、文化的沉淀和精美的雕刻艺术在麦积山石窟重现的时候，“东方雕塑馆”的美名、国家 5A 级景区的头衔、纳入世界遗产名录的机会便接踵而至，仿佛一颗蒙尘的明珠重新闪耀光芒。

麦积山石窟位于甘肃省天水市东南方向大约 45 千米处，石窟雕凿在一个略显孤零的山峰上，因山形酷似农家麦垛之状，故得名麦积山石窟。石窟始建于十六国时期的后秦，于北魏时期大规模开凿，后又经过唐、宋、元、明、清各代不断的开凿和修缮，终成为中国著名的石窟群之一。因历代地震的缘故，麦积山石窟的崖面从中部塌毁，遂分为了东崖和西崖两个部分。

造型优美的佛像雕刻。

走进麦积山，便可见周身渚红色的山崖拔地而起，一条条相互勾连的栈道在山崖的半山腰蜿蜒曲折，犹如盘旋的长龙扶摇直上，更像一幅刻画有象形文字的笔画。栈道在几十米高的悬崖峭壁上将各个洞窑连接，雄伟而又奇特。抬头继续向上遥望，险峻的山顶上矗立着棵棵青色的树木，笔直挺立，凌空穿云。

走上栈道，犹如走在空中走廊，蜿蜒而上。在山体一侧，密密麻麻的龛窟好像蜂房一样密集，依山而建，层层相叠，杂乱地分布在陡峻崖壁上。壁立千仞的悬崖上，洞窟雕像只能用空中的栈道相连，沙砾岩崖体本不易凿刻，所以很难想象那些古代的工匠们是怎样在如此陡峻的悬崖上用自己的手工和锤头，开凿出成百上千的洞窟和佛像的。如今，在麦积山这个宽 200 米，上下落差 60 米的垂直崖面上依然保存有近 200 个窟龛、1000 多平方米壁画、7000 多尊石雕造像、泥塑、石胎泥塑，先人们的创造总是让后人心生敬佩。往返于栈道上，在巧妙的窟龛、崖阁、山楼之间穿行，仿佛能感受到古人的虔诚与智慧。

悬崖峭壁上的壁画别具一格，美轮美奂，姿态轻盈优美。

在麦积山石窟群中，要说最宏伟精美的，那非第四窟上的七佛龛莫属，又有“散花楼”之称。七佛龛距地高 70 多米，位于东崖大佛的上方，是一座前廊后室的殿式结构，此建筑大约建于北周时期，带有明显的时代特色，雄浑壮丽。整体布局精妙，细节构件无不精雕细琢，这些都是研究北朝木构建筑的重要资料。

栈道在几十米高的悬崖峭壁上连接着洞窟，雄伟而又奇特。

如果说龙门和云冈以石刻著称，莫高窟以壁画闻名，而麦积山则凭借丰富精美的泥塑闻名于世，有“东方雕塑馆”的美誉。这些泥塑和石雕的造像技艺娴熟，精致细腻，造型各异，风格多样，反映了不同时代的文化特征和审美取向。后秦的造像多雄健勇猛，隋唐更为丰腴圆润，到了北魏则是秀骨清俊、睿智通达，而两宋多为面容庄重、衣纹写实。历经了岁月的沧桑巨变和年轮无情的剥蚀，每一尊佛像都神采依旧，那历经千年的微笑依旧是如此传神，如此动人。

旅游小贴士

地理位置： 甘肃省天水市

最佳季节： 春秋季

开放时间： 08:00 ~ 17:00

旅游景点： 石窟、森林公园

大召无量寺 召庙之首

大召寺又称大召无量寺，“大召”为蒙语，是“大庙”的意思，其原名为弘慈寺。经过清朝的重修以后，便有了“大召无量寺”一名，并一直沿用至今，然而除此之外，它还有一个名字“银佛寺”，源于寺中的银佛，此佛为释迦牟尼像，已有 400 多年的历史，乃是我国现存最大的银佛之一。

大召寺地处呼和浩特玉泉南面，隶属藏传佛教格鲁派，相传由蒙古土默特部落首领阿拉坦汗主持，建成于明朝万历八年（1580 年）。作为呼和浩特最古老的喇嘛教寺院，大召寺却不设活佛转世制度，据说是因为康熙皇帝来过这座寺庙，僧侣为表示对于皇帝的敬仰，因此取消了这一制度。

佛堂中的烛光泛着柔和的光芒，肃穆的气氛使人不敢高声说话。

初到大召寺，就听说大昭寺的名声不小，当地人常说“七大召、八大召、七十二个绵绵召”，可见呼和浩特的召庙非常之多，但是在明清召庙里独占鳌头的就数大召寺了。寺院朝南，楼宇殿阁布置有序，错落有致，牌楼、山门、天王殿、菩提过殿、大雄宝殿、藏经楼、东西配殿、厢房等构成主体建筑，呈现“伽蓝七堂式”布局。

“御马刨泉”是大召无量寺著名的雕塑，御马后蹄着地，前蹄腾空，如同刨地一般。

矗立在山门前的牌楼三顶两肩，构造精妙，雕饰华美，朱红色的柱子挺拔笔直，左右各有一枚石碑，使人不得不驻足观赏，细细品味。来到玉泉井，可见一匹骏马雕塑，身形健硕，披挂金鞍，后蹄着地，前蹄腾空，如同刨地一般，这就是“御马刨泉”的纪念。相传康熙率军西征返回，路过呼和浩特时，暑热难当，士卒、马匹口渴疲惫，仿佛佛祖显灵一般，御马刨出了一口泉。泉水盈盈清澈，汩汩涌动，细水长流，旺盛的生命力就像这个故事一样神秘，所以才有人赞其为“九边第一泉”。

金光闪烁，寺庙门额上的横匾四面浮雕黄龙，腾翻游走，张牙舞爪，气势威武不凡，中央蓝底上藏蒙汉 3 种文字书写，熠熠生辉。穿过山门，来到寺院中，古松苍翠的树影在缭绕的香烟中静静站立，红色柱子褪色的痕迹使人想起了流逝已久的年月，铜炉已经锈迹斑驳，阳光移动，宫殿的影子渐渐遮盖起那些安静的角落，回廊从一旁绕过，转入了下一处院落。

拐弯抹角，一路领略天王殿、菩提过殿、大雄宝殿的宏伟气概，叫人赞叹不已。佛殿之中，金像在幽幽的烛光中泛着柔和的光芒，让整个大殿显得静穆非常。院子深处的汉白玉石碑通体俊秀，须弥座上碑体亮白，顶端双龙盘卧相对，拱抱“佛光普照”篆体四字，下面是行楷相间的“心诚则灵”，中央是以画为字的一幅图，整体为“佛”字，细看局部，又是一尊坐佛在焚香念经，妙不可言……一排列阵的白塔，在蓝天下亭亭玉立，塔座到塔身洁白无瑕，浮图雕饰朴素美观，金色的塔尖璀璨如星，相连成一条线，异常壮观。

旅游小贴士

地理位置：内蒙古自治区呼和浩特市

最佳季节：5 ~ 8 月

开放时间：08:00 ~ 18:00

旅游景点：白塔、佛堂

白塔塔身洁白无瑕，浮图雕饰朴素美观。

甘珠尔庙 呼伦贝尔最大的喇嘛庙

提到甘珠尔庙，通常最受世人瞩目的就是呼伦贝尔的甘珠尔庙，这座寺庙又名为寿宁寺，坐落在阿木古郎镇西北部。作为呼伦贝尔地区最大的喇嘛庙，甘珠尔庙吸收了汉、蒙、藏 3 种文化的精髓，呈现出了别样的寺院特色。

甘珠尔庙始建于清朝乾隆年间，由朝廷拔款建立，据说乾隆皇帝曾为该寺御笔题名“寿宁寺”。从1785年以后，180多年间先后举行过160多次大型庙会，南来北往，由东到西的商队犹如潮涌一般，蔚为大观，形成了繁荣一时的“甘珠尔集市”。然而所有的盛世都会有凋敝的时刻，在那些荒芜的岁月里，甘珠尔庙静静地等待着再一次的复兴。2001年对于这座古庙是不平凡的一年，随着时代的变迁，甘珠尔庙的历史沉淀终于成就了它新的生命。得到重建的甘珠尔庙占地面积上万平方米，殿宇高耸，气势雄阔，仿佛昨日重现。

驱车来到内蒙古，草原上的风景绵绵展开，笔直的公路伸向远处，路上昂首挺立的牌坊，白石底座，四柱擎天，屋檐赤红似火，彩绘明艳照人。过了牌坊，甘珠尔寺的楼宇就能看见了，天蓝汪汪的一片，洁白的云朵飘浮着，灰色的建筑群落透着古朴的气息，走进院落里，条石密密铺在脚下，没有树木的遮掩，寺院一马平川地展现在游人眼前，幽幽的青草从石缝里窜出来，苍翠的颜色照在石阶和墙壁上。

甘珠尔寺内的索克钦庙属于核心建筑，17米高的大殿傲视四方，殿阁由两部分组成，前面是一座广厦，后面紧紧挨着的大殿，形成一个整体。屋顶上灰瓦密密，前面的广厦屋脊正中央，一对金鹿横卧，仰起头对望耸起的法轮；向后看，大殿的正脊高出前厦屋顶许多，更显得宏伟；中央是金尖宝塔，格外耀眼；两端的鸱吻也不遑多让，同样雕刻精美。

一步步沿着台阶走进堂中，只见圆柱林立，笔直挺拔，共有46根之多，站在其中总觉得头顶的彩绘藻井仿佛都在这些椽梁斗拱之间浮动。你如果慢慢移动位置，那么眼前的景色一定会让你晕眩，宛若天宇仙境的内堂顶总让人目不暇接。再看堂上，释迦牟尼佛祖端坐在中间，此外就是官布、扎木苏伦等群佛簇拥而来，势如众星捧月一般。

在这里，不仅有大规模的佛教集会举行，最盛大的节日活动那达慕大会也偶尔在这里举行，更使得甘珠尔寺名声大振。在这里，你看见的不仅是修行的僧人，同样还有那些草原上的牧民。

甘珠尔寺的院落中青草茂密，生机勃勃，为这座古寺凭添了一道新的风光。当穿过一座座殿宇，回味和感慨建筑美时，同样别错过这一方土地的美景，这里有着淳朴的人和自然的景。

旅游小贴士

地理位置：内蒙古自治区呼伦贝尔市

最佳季节：春夏季

开放时间：08:00 ~ 18:00

旅游景点：牌坊、大雄宝殿、释迦牟尼佛像

释迦牟尼佛祖端坐在中间，官布、扎木苏伦等群佛簇拥而来。

索克钦庙属于核心建筑，这座大殿17米高，傲视四方。

马蹄寺 绝壁佛国

马蹄寺又称普光寺，位于甘肃南部，据说建于东晋十六国时期，距今已有1600多年的历史了。作为我国最早的汉传佛教寺院，马蹄寺从建寺以后，香火鼎盛，受到四方的朝拜，据说最盛时期寺中的僧众有千余人，可见它往日的辉煌。马蹄寺的宗教流派，由开始的汉传佛教，渐变成为藏传佛教，隶属于格鲁派青海东科尔寺。

庙宇和石窟相连在一起，形成别具特色的建筑群。

相传天马饮水将蹄印留于此处，因而才有了“马蹄寺”一名。现在天马蹄印已经被作为了镇寺之宝保存在寺庙之中，来往的游客可以一睹真容。现在的马蹄寺主要由岩壁石窟和庙宇殿堂组成，其中三十三天石窟、马蹄印石窟、藏佛殿石窟、胜果寺、千佛洞石窟等备受瞩目，艺术价值极高。

来到马蹄寺，大门口高大的牌楼映入眼中。朱红色的墙与远处的蓝天对比明显，一下子吸引了你的眼球，三重飞檐沿中间一座对称分布，两边高度依次下降，错落有致，起伏有度，十分美观。檐下色彩明艳，构造精巧，正中的横额上书写着“马蹄寺”3个金字，衬着蓝底越发的醒目。穿过3间门洞往里走，寺庙的基本格局便依次展开，大雄宝殿、站佛殿、观音殿、药师殿等慢慢浮现于眼前，这些古老的建筑都是从连年的战争中保留下来的文物，经历风雨，饱受沧桑的它们是幸运的。

马蹄寺最引以自豪的便是石窟艺术，在历史上，与敦煌的莫高窟、安西的榆林窟被合称为河西佛教圣地的三大艺术宝窟，这也是纷至沓来的游客们必看的景致。马蹄寺石窟规模宏大，总共包括了 7 个小石窟群，绵延近 30 千米，令人叹为观止，然而每个小窟群中，又含有大小不同、数目不等的石窟，多则三十，少则两三，总计 70 多窟，犹如洞府天国一般。这些石窟最早由郭瑀及其弟子开凿作为讲学使用，后来便有僧侣在此塑造像佛，才开始宣扬佛教，直到明朝永乐年间改名普光寺，清代乾隆还赐给了御物，现存在寺内的金鞍、龙袍就是最好的鉴证。其中有个千佛洞，内部藏有 500 多个摩崖佛塔窟龛，极为罕见，让人叹服。金塔寺的大型高肉雕飞天更是举世无双，典雅之态，古朴之风，无不深受人们的青睐。还有普光寺的三十三天洞，构造奇特，呈宝塔形，上下 5 层，回廊穿行其中，宛如游龙，内藏佛殿庙堂，与世相隔，俯仰之间总有道不尽的禅意。

远山的绵延仿佛拉长了天地之间的距离，石窟与古寺在斜阳下的余晖中变得柔和，历史的记忆随着西北的风声又重新回荡在绝壁之上。有许多留恋，让人不愿离去，丝丝牵绊从进入马蹄寺的那刻就已经萦绕心中。

旅游小贴士

地理位置： 甘肃省张掖市

最佳季节： 四季皆宜

开放时间： 08:00 ~ 18:00

旅游景点： 三十三天佛洞、马蹄殿、藏佛殿

千佛洞内部藏有 500 多个摩崖佛塔窟龛，极为罕见。

石窟阁楼错落有致，起伏有度，十分美观。

塔尔寺 汉藏风格一体的建筑典范

塔尔寺在藏语中叫作“拱本”，有十万佛像之意，寺庙始建于明嘉靖年间，距今已有400多年历史了。作为青海省藏传佛教中的第一大寺院，塔尔寺得名于寺中大金瓦殿内纪念宗喀巴的大银塔。寺庙依靠山势的走向建立，蜿蜒起伏之间错落有致，气势磅礴，寺院内部古木参天，佛塔林立，景色壮丽非凡。

塔尔寺是我国西北地区的佛教中心，厚重的佛教文化浸透了高原上的每一座山，每一条河。湟中县鲁沙尔镇即塔尔寺的所在地。走进香火旺盛的塔尔寺，仿佛瞬间就远离了尘世，在清静的寺庙，随处可见栩栩如生的佛像。

我国藏传佛教格鲁派创始人宗喀巴大师就诞生在鲁沙尔镇西南隅的莲花山坳中，他的足迹遍布这块热土。尘埃落定，岁月依

大殿三层重檐歇山式的金顶中包含了40多千克黄金和300多千克白银。

旧，大师的教诲还在后人的口中传颂，还在塔尔寺的殿堂里回响。

走到寺前广场，迎面的一排白塔，正是八大如意宝塔，白云轻轻飘过，蓝天并不是很高，美丽的背景总是使人不住地想要按动快门，留下这古寺温存的一瞥。寺院内最著名的建筑是大金瓦殿，它的房顶是用镀金铜瓦铺成的，无论日晒雨淋，始终都这样金碧辉煌，有着永不熄灭的光。这座大殿极受人推崇，从构造和外形上都无可挑剔，飞檐照应宝塔，瑞兽遥望鸱吻，无法想象的是那三层重檐歇山式的金顶中包含了 40 多千克黄金和 300 多千克白银，耗资巨大，天下少有。边麻墙上嵌着藏窗，花纹美观，底下琉璃砖砌成的墙壁色彩斑斓，殿堂高悬乾隆皇帝御赐的“梵教法幢”4 个粉金大字，堂中更是琳琅满目，一派雍容华贵的气象，宗喀巴像正居塔上，俯瞰四方。这其中最有审美和艺术价值的要数“塔尔寺艺术三绝”，即栩栩如生的酥油花、绚丽多彩的壁画和色彩绚烂的堆绣，此外寺内珍藏的佛教典籍，内容丰富，包括了历史、文学、哲学、医药、立法等多个领域，学术造诣颇高。

除此之外，护法神殿的神秘传说也令人着迷，拥有 168 根大柱的大经堂自然不可不去，还有九间殿的佛祖、金刚、罗汉像等都得来瞧瞧。塔尔寺里满是虔诚而坚定的眼神，就像高原上温暖的阳光，洒满每一道山岗，不仅仅是一个剪影，还是淌流在胸口的感动，让人感叹。

旅游小贴士

地理位置： 青海省西宁市

最佳季节： 5 ~ 9 月

开放时间： 08:00 ~ 17:00

旅游景点： 度母殿、壁画、堆绣、八宝如意塔、大金瓦殿、大经堂

“塔尔寺艺术三绝”指的就是栩栩如生的酥油花、绚丽多彩的壁画和色彩绚烂的堆绣。

八大如意宝塔排成一列，蔚为壮观。

北塔法轮寺 北方护国圣地

东北的寺院也许不多，但是同样出名，在很大程度上都源自清朝皇家的支持，例如沈阳的北塔法轮寺就是其中的一座。北塔法轮寺又名护国法轮寺，坐落在沈阳市于洪区的北塔街上，常常有民众来此上香祈福，寺中香火绵绵不息，清早和傍晚都能听到悠悠的钟声回荡在附近的街巷，给都市的生活添上了一丝别样的味道。

北塔法轮寺据说兴建于清朝崇德年间，历经 3 年完工，相传当年皇太极下旨在沈阳城外建造的 4 座寺庙，北塔法轮寺就是其中一座，现在研究寺中石碑的学者已经证实此点非虚，所以“流通正法”的法轮寺便成为又一段历史的真实记忆了。

北塔高 21 米，直刺晴空，塔顶宝盖和塔刹金光四射，十分耀眼。

来到北塔法轮寺，穿过三楹硬山式的山门，进入了寺院内部，暖暖的阳光照在天王殿前的横额上，金光闪闪，门上一对楹联颇有趣味，上手写“大大肚能容万物”，下接“微微笑看破群生”，不进殿你也能想到里面供奉的一定就是弥勒佛吧。跨进天王殿，堂上正是笑弥勒，一身金色在须弥座上闪动，笑口大开，双耳垂肩，让人倍感亲切。

天王殿堂上供奉着弥勒佛，一身金色在须弥座上闪动，双耳垂肩。

紧走几步，大雄宝殿就矗立在视野之中了。从金色“大雄宝殿”四字的匾额两边伸出数股粗绳，绳上全是火红火红的大灯笼，像秋天枝头上熟透的柿子沉甸甸地垂下来，黄色的穗子迎风舞动。远眺屋顶，密密鱼鳞似的青瓦铺开，正脊两端鸱吻之间有 5 处石台，台上 3 座金色小塔，中间一座最高，其他两座金像左右对称，足以见其华丽。大殿内一尊“天地佛”位于高堂，男女交接，意为天地交泰，两侧其他佛像和菩萨静立，共显祥瑞，还有乾隆皇帝曾御赐的“金镜周圆”匾，配上墙壁上的彩绘，锦上添花，美轮美奂。

走入院落中，沿着长廊可以一一观赏，廊下的石碑林立，形状也各有不同，石碑雕刻纹饰细腻美观，镂刻的文字还可以看见，漫步其间就好似在翻动灰色的书页，每一行都是曾经早已流失的岁月。古木的枝干扭转腾空，势如游龙飞升，树下墙角是玛尼堆，石刻的经文叠在一起，色彩艳丽。前面的香炉中，香柱袅袅升起烟雾，上香的人已经去了别处。

玛尼堆石刻的经文叠在一起，色彩艳丽。

此程的终点在寺院的东北角，那就是北塔。远远望去，21 米的北塔从塔座、塔身到相轮直刺晴空，塔顶宝盖和塔刹金光四射，十分耀眼。白色的塔身上面圆圆凸出，前后壶门内陷，下边圆台层层高升，紧接塔座。塔座格外美观，各种彩绘覆盖，基部方台四周几十尊彩色的小佛像端坐，面向四方，镇守宝塔，受人赞颂。

旅游小贴士

地理位置：辽宁省沈阳市

最佳季节：四季皆宜

开放时间：06:00 ~ 20:00

旅游景点：天王殿、玛尼堆、北塔

三宝菩提寺 朱雀山梵宫

谈到吉林的三宝菩提寺，说来话长，从清朝康熙皇帝时期建立的“七圣祠土地庙”开始，经历民国，更名为“菩提寺”到现在，三移寺址，如今位于朱雀山主峰的山坳中。三宝菩提寺经过历代的修缮，虽然有所恢复，但是动乱时期的风浪又一次将其毁坏，直到近代，三宝菩提寺才得以重修，纵然无法与曾经的盛况相提并论，可是寺院中幽静闲适的氛围，又有了新的韵味。

来到朱雀山主峰，站在高处看三宝菩提寺，只见在山坳深处的绿色中露出了灰瓦红墙的寺院，四周全是翠绿的树木，只有盘山路从高处沿着山坡蜿蜒游走，像波涛里的蛟龙翻腾一般，一直穿过密林到达菩提寺的山门前。仅仅看这前往寺院的道路，人们就有些退缩了，因此拜访菩提寺就成了一次艰苦的旅程。

沿着山路不断前进，经过一程的跋涉后，来到菩提寺门外。宽阔的广场后面十几米高的平台上便是山门，要登上平台就得走上陡立的台阶。迈开大步一层层跨越，两排石阶平行直上，中间一幅巨型浮雕画，碧浪翻腾起伏，而石阶的栏杆正是 12 条游龙石雕，龙嘴含有明珠，四爪飞舞在祥云之间，使人一踏上这排石阶，就如踏上了霄汉云端。

菩提寺 3 座朱红漆成的大门镶在拱券内，墙壁上书写着 6 个金字“南无阿弥陀佛”。

站在庙门前的平台上，一只四足鼎状的香炉后面便是山门，门首两侧，一对石狮子盘踞在须弥座上，盛气凌人，脖颈上都带有红花，显得十分喜气。走上石阶，3 座朱红漆成的大门镶在拱券内，中间门洞宽大，左右对称，灰白色的墙壁上从左到右 6 个金字“南无阿弥陀佛”依次排开，字大如斗，连两面的圆窗都显得小了许多。接着向上看去，重檐外展如同飞鸟张开了翅膀，就要腾空飞走一样，檐梢翘起，上面缀有龙女、海马、麒麟等祥瑞的塑像，下端高悬着铜铃铛，山风吹过，一阵清脆的铃声传入耳朵，散入丛林之中。

殿宇高阁映入了碧蓝的天空，念佛堂、天王殿、大雄宝殿、观音殿依次排开。

走进寺院，最令人惊讶的是三宝菩提寺中来往的都是女僧人，因为这是一处比丘尼寺院。现在的菩提寺颇具规模，沿着山势可分为两层，逐步攀升，念佛堂、天王殿、大雄宝殿、观音殿、地藏殿、祖师殿等建筑构成庙宇的主体，蔚为壮观。

徜徉在满山的翠色里，菩提寺的殿宇高阁映入了碧蓝的天空，浮动的白云匆匆聚散，鸟鸣隐约在长廊之间回荡，来时的奔波和疲倦都早已经抛到了九霄之外。游览古老的地方就是让人在瞬间完成千百年的穿越，看到留存的遗迹，思想中重叠的画面压迫着神经，但更刺激着神经，因此痛并快乐着。

三宝菩提寺藏在山坳深处，四周全是翠绿的树木。

旅游小贴士

地理位置： 吉林省吉林市

最佳季节： 四季皆宜

开放时间： 06:00 ~ 20:00

旅游景点： 念佛堂、天王殿、僧僚房

北普陀寺 东北名寺

比起南普陀，北普陀寺就显得“年轻”多了，但是在东北地区，北普陀寺也是十分著名的庙宇。从 1996 年建立至今，已经过去了 20 年的岁月，随着各种佛事活动的举办，北普陀寺的名气渐渐被世人熟知，慕名前往的游客也开始不断增加。

北普陀寺位于吉林省长春市的净月潭，寺院占地面积达到了 9200 平方米，属于长春著名的人文景观。凡是来过北普陀寺的人都不禁会赞叹寺院周边的美景，尽管还未看见寺庙的一砖一瓦，湛蓝的天空中漂浮着朵朵棉絮一样的白云，仰面望去，四野葱茏的树木连成绿色的围城，将一方清澈的湖泊揽在怀里，微风从远处吹过，碧波皱起细细的涟漪，揉碎一湖的倒影，摇动着刚刚出水的青莲，驻足拍照的人群也无意间融入了这幅画卷。

跟着吹过湖面的暖风，走向北岸，在树影隐约里望见寺院的红墙。走到门前，广场上两根旗杆高耸，旗帜迎风翻卷，不远处的山门映入眼帘，屋檐不算陡立，檐梢水平铺开，琉璃瓦一层层鳞次栉比。檐下红墙在阳光下闪耀着微光，一副楹联捧出横额上的“北普陀寺”，3 道拱门可穿入寺中，中间门洞宽大，门钉阵列整齐，分布在左右门扇上，两边的小门对称分布，一对石狮各自把守一方，威风凛凛，气势逼人。

走进院中，绿树掩映中殿宇楼阁更显得清秀，庭院地势开阔，正中须弥座上乃是一只铜炉，炉下三足鼎立，两耳处有兽面浮雕，獠牙狰狞可怖，上层像塔，叠起三重檐，每一个檐梢上翘起龙形雕塑，坠挂铃铛。环视一周，就像结满果子的树枝，精巧美观，其他几处香炉造型与之有别，相比之下显得太逊色了。院中还有几株低矮的松柏，围栏上系满了红色的平安符，由此可见，来往游人数目众多。

北普陀寺的中心位于大雄宝殿，仅仅看到这座宫殿的第一眼，相信你就已经被它宏伟的气势所折服了。晴空之下，重檐向两侧极力伸开，檐顶红瓦分外耀眼，重檐间的匾额上“大雄宝殿”4 个金字熠熠生辉。再看檐下面，一横排 8 根廊柱林立，廊外汉白玉的石栏杆从两端绵延到门前，接着折向院中，与台阶相合一处，让人叹为观止。走进殿堂，仰视台上，释迦牟尼佛位于正中央，双目微合，神情平和，两侧为阿弥陀佛和药师佛，分居左右，这三者就是象征着前世、现在、未来的三世佛。

出了大雄宝殿，还有藏经楼、地藏庙和观音庙等景点可以逐一游览，可怜一天只有 24 个小时，实在是太短暂，对于游览北普陀寺，显然不够用，因此当你选择去往北普陀寺时，一定要提前安排好行程，这样才能饱览北普陀寺的美景。

旅游小贴士

地理位置： 吉林省长春市

最佳季节： 四季皆宜

开放时间： 06:00 ~ 21:00

旅游景点： 大雄宝殿、藏经楼

庭院中殿宇楼阁清秀，庭院地势开阔，绿树掩映。

大殿内释迦牟尼佛位于正中央，两侧为阿弥陀佛和药师佛。

寺院周边，葱茏的树木连成绿色的围城，还有清澈的湖泊和温润的风。

第三章

华南和华中地区名寺古刹

大海寺 观音道场

中原福地作为中华民族的根源，一直向全世界诉说着古国的历史文明，沿着时间的轴线回溯，早已洗去尘埃的那些古寺一一浮出水面。从郑州向西大约 20 千米的地方，有一处十分有名的观音菩萨道场，这就是荥阳市大海寺。

滴水观音像是大海寺的标志性建筑。

荥阳市大海寺的来源一直可以追溯到北魏时期，据说其初名为代海寺，相传观音菩萨曾在荥阳居住，普度众生，甚至出现了荥阳护城河如同南海潮汐一样涨落的奇景，于是这座观音寺便被命名为“代海寺”。故事难辨真假，但是美丽而又神秘的色彩依然在民间流传。还有一则故事起于隋唐，当时任荥阳太守的李渊四处寻求名医为次子李世民治疗眼疾，苦求无果，直到代海寺才得以治愈。李世民成为皇帝后，为表感恩之情就派尉迟敬德扩建寺庙，一时间殿阁林立，气势如海，蔚为壮观，于是“大海寺”的美名由此而生。

时光斗转，大海寺几近凋敝，民国初年基本毁灭，1994 年，在遗址上重建了大海寺。如今的大海寺林木葱茏，香烟袅袅。新的楼阁建筑与古老的珍贵文物重塑了大海寺的容貌，当你走进寺院，那些温热的气息一定能让你得到别样的体会。

从密瓦飞檐的牌坊下进入寺庙，辽阔的建筑群落如同画卷徐徐展开，踏着青青的石砖走过垂柳依依的大道，鸟鸣婉转，寺院里的宁静与祥和浸入你的心田，隔着三五步，一处菩萨石像从松林间露出尊容，祥云镌刻拖着佛身，后有青龙护佑。再行几步，小亭中关公正坐，长须飘飘，散发着浩然正气。又拐角转出，翠绿当中一尊金色铜像耀眼夺目，这是滴水观音，高达 10 米，底座莲花盛开，背后游龙盘卧，菩萨执瓶拈柳，佛光普照。白壁的楼阁中间重檐如钩，两侧圆顶突起，楼前大石上，朱红楷书“天下第一船”，背后锦旗高悬。千佛塔在绿柳的掩映中越发秀美，

大日如来像坐落在莲花台上。

大海寺内“天下第一船”。

旅游小贴士

地理位置：河南省郑州市

最佳季节：四季皆宜

开放时间：08:00 ~ 17:00

旅游景点：千佛塔、天下第一船

千佛塔重檐散开，笔直入云，犹如绽开的花瓣，引人注目。

千手观音手臂从背后向四面八方展开，每一只手都拿着宝器，琳琅满目。

菩萨像。

走到塔前，仰面望去，塔尖高耸入云，层层密檐微微外展，朝向四面八方，檐下斗拱犹如花瓣，衬着彩绘，光艳照人。

大雄宝殿前院开阔，香炉里烟雾缭绕，背后大殿坐落于高台之上，外围汉白玉栏杆古朴素雅，沿着石阶一步一步登上殿门。宝殿重檐平阔，金灿灿的瓦细若鱼鳞，正脊一对鸱吻雕刻精美，檐梢上人物鸟兽栩栩如生，上下两层门廊回抱，红柱笔直美观，上接高梁，下立石台，气势恢宏，左右殿宇皆为背景。走进殿堂，宽敞明亮，金佛正坐在莲花宝座上，光芒四射，双目微闭，仿佛超脱一切俗尘。四周菩萨、罗汉簇拥，如众星捧月一般，其中千手观音尤为突出，菩萨端坐，手臂散开如花，每只手上都持有宝物，美轮美奂。

大海寺保存下来的土佛、菩萨、石刻造像，以及被誉为“东方维纳斯”的唐朝观音群像和十一面观音等都是举世罕有的文物，都可以使人大饱眼福。慢慢去品赏大海寺的每一处美景，从回廊绕过长亭，将每一座殿阁都走一遍，让古老的回忆和时代的气息一起展现在眼前，别有韵味。

圆通寺 莲池净域

“巡返莲池观自在，圆通净域照庄严”，这一联诗里写的佳境就是河南省焦作市的圆通寺。提到这座庙宇，当地人可谓满怀自豪。

清早踏着晨辉，可以和当地的人们一同登山拜寺。如果是外来的客人，一路上将听到关于这里的许多传闻，特别是从老人的口中听到圆通寺的故事。巡返本来就是一座宁静的村落，当地人基本上以务农为生，他们朴实勤劳，心地善良，常常到圆通寺去礼佛求愿。

快接近圆通寺时，晨钟的声响早已翻越高墙传进了耳朵，隔着葱郁的树木，可以隐约瞥见寺庙，来到寺门前，一切豁然开朗，这时你才能发现原来圆通寺就在一处山坳里，四周的山岭阻隔了寺外的喧嚣，保留下了一处山水的宁静。

旅游小贴士

地理位置： 河南省焦作市

最佳季节： 四季皆宜

开放时间： 08:00 ~ 17:00

旅游景点： 藏经阁、观音像

藏经楼。

圆通寺内，建筑设施齐备，建筑占地面积近 3 万平方米，蔚为壮观，令人叹为观止。山门、天王殿、大雄宝殿、三圣殿、藏经楼等建筑形成中轴线，此外还有配殿、文殊殿、普贤殿、地藏殿、尊圣佛母殿等分布在院落之中。置身寺院，殿宇随着地势起伏而不断变化，错落有致，道路穿行于庭院之间，大家可以边走边看景。

大雄宝殿是圆通寺内的核心建筑，殿阁蔚为壮观，气势恢宏。

在寺中漫步，云烟缭绕，草木青青，晨光中的太阳并不刺眼，花朵上还有晶莹的露珠，慢慢来到大雄宝殿前，抬头看去，不觉心中惊颤，只见重檐的瓦顶上阳光灿灿，原本灰色的瓦顶突然间流光溢彩，金碧辉煌，屋脊上的一对鸱吻仿佛镀上了一层金似的，檐梢海马、龙女、石狮等雕饰也是神采焕发，重檐之间，斗拱密密如织，正中位置是金匾，匾额上“大雄宝殿”四字灿若流星，匾额边角雕龙刻凤，雍容华贵。

走过殿前的石阶，汉白玉石栏绕着殿宇一周，精巧而美观，随着石阶上升到门前，六七座香炉依次排开，十分壮观。殿堂前回廊开阔，圆柱一排笔直挺立。大殿面阔三间，气势恢宏，使人叹服。跨进殿中，释迦牟尼佛巍巍端坐，双目微合，仿佛在静心参禅，四周佛陀、菩萨环立，神情虔诚，聆听佛祖的教诲。

圆通寺观音坐像身形巨大，盘坐在莲台上岿然不动，巍巍如山一般。

下面来到一处平台，此处人流涌动，他们只是为了亲眼看见观音巨像的尊容。那就是圆通寺的另一处景观——观音坐像。遥遥远望，观世音菩萨像犹如高塔耸起，金光四射，菩萨右手托瓶，左手拈柳，双腿盘在一起，正身横坐在金莲台上，底下多边形须弥座上的祥云浮雕，细腻美观，栩栩如生。

净影寺 山谷中幽静的古寺

没来净影寺之前，仅从名字上也能看得出这座寺院的一些眉目，“净影”略有诗情，可猜测古寺风光秀丽，藏身于山水深处，“净影”又稍带禅意，虚幻如影，空灵明净，所以这净影寺又是一处宝地。正如前面所说，现实中的净影寺就坐落在河南焦作与山西晋城相交之处，正是钟灵毓秀，秀色可餐的人间仙界，刚好与“净影”相配。

大殿巍巍矗立，左右配殿相依，殿前庭院开阔，石栏围着碧池，有石板桥跨过。

净影寺据说兴建于南北朝时期，当时被称为贤谷寺、景净寺，直到宋代以后才有了“净影寺”一名，尽管庙宇多次更名，但是历史还是选择了“净影”。也许正因如此，才引得古代高僧名士的垂青，像我国古代著名的慧远法师就是在此出家修行，后来修成正果，成为佛教史上的释义高祖。等到大师圆寂之后，他的骨骸又回到了净影寺，落叶归根刚好圆满。还有五代画家荆浩也醉心于净影寺的山水，不忍离去；金代诗人元好问与文学家赵秉文更是痴情，隐居于此，不问世事。

趁着文人墨客的轶事还在耳边回响，不如到净影寺中漫步一回，看看当年的那些人为何都这样钟情于此。来到净影寺，看到云烟绕崖，草木丛生，然而却不知寺院在哪里，只能怀着疑惑，徘徊在青龙峡里的古道上，听那回响在石壁之间的幽幽钟鸣了，正像王磐的那首《洪谷山》里写到的“山中富清境，不暇相周旋。大似山阴客，望门却回船”。

重檐楼阁高耸，琉璃瓦顶衬着阳光，金光闪烁。

踏着布满青苔的石阶，来到长亭，亭子内侧贴着山壁，外边水光潋滟，瓦檐微微上翘，圆柱朱红，依次排开，向远处伸展。站在亭子里，看到两处岩壁之间的一线天，可以窥看到高耸在山崖上的三层楼阁，琉璃瓦顶衬着阳光，金光闪烁，十分耀眼，那就是净影寺了。

走进寺院，天王殿、大雄宝殿、藏经楼等殿宇依次出现在眼前，此外还有钟鼓楼、僧舍、方丈室等建筑，颇具规模，庄严而肃穆。来到寺中大雄宝殿前，重檐高阁巍巍矗立，左右配殿相依，殿前庭院开阔，石栏围着碧池，有石板桥跨过，常有名士在此教授人们太极拳、猴拳等，也是一处难得的人文风景线。寺院里的多处石碑都是明清的遗物，与重修的庙宇形成了新旧相容的和谐氛围，令人神往。

如果恰逢秋高气爽时，来到净影寺，首先四面山上的红叶映入眼帘，好像燃烧的火焰，若来一阵风，枫树摇摆，枝叶婆娑，远远看去，如血色的浪潮涌动，蔚为壮观。沿着石阶，慢慢深入山林腹地，远处清秀的山峦犹如窈窕多姿的仙女，亭亭玉立，站在云涛之间，影影绰绰。峰回路转，谷底的湖泊就会浮现面前，翠绿色的湖水泛着翡翠微冷却又柔和的光，清波荡开层层涟漪，山岭的倒影融化成一抹青绿，不禁让人陶醉。

旅游小贴士

地理位置： 河南省焦作市

最佳季节： 四季皆宜

开放时间： 08:00 ~ 17:00

旅游景点： 天王殿、大雄宝殿、藏经楼

长亭内侧贴着山壁，外边水光潋滟，瓦檐微微上翘，圆柱朱红，一排像远处伸展。

枫树摇摆，枝叶婆娑，远远看去，血色的浪潮涌动，蔚为壮观。

月山寺 中原古寺

殿宇楼阁上的屋顶造型优美，尤其是屋脊，鸱吻嵌在两端，雕刻得惟妙惟肖，生动逼真。

“文有太极安天下，武有八极定乾坤”这句谚语相信你一定有所耳闻，其中说的“八极”就是八极拳，又名开门八极，属于我国传统拳种，久负盛名。然而知道此拳出处的人就相当的少了，据说相关人士经过多年查访，终于得到了答案——月山寺。月山寺位于今天河南焦作的博爱县月山镇，不仅是一方佛门净土，也是一处武术圣地。

月山寺初名“清风寺”“大名禅院”或“宝光寺”，直到明朝永乐年间才最终定名为“月山寺”，沿用至今。月山寺地处风

水佳境，史料记载，寺庙建立于1158年，历史上属于有名的古寺，是中原三大古寺之一，而其他两座便是嵩山少林寺和洛阳白马寺，由此可见月山寺曾经无限的风光。相传月山寺鼎盛时期，寺院禅房僧舍林立，僧众五百，各类经书汗牛充栋，浩如烟海，明代李濂曾在《明月山记》中不禁赞叹“读道藏于天坛，读佛藏于明月”，可见一斑。

光听传说，月山寺都已经令人神往了，当你来到寺院时，更会陶醉其中，无法自拔。八极拳术如果是月山寺的招牌，那么秀丽的自然风光就是民间的口碑了，不知道有多少帝王将相来此游览，多少文人墨客来此驻足。“日晒青色色愈翠，月照禅堂寺更明。曲径幽雅赏不尽，不辞劳苦晚登程”，这首古诗足以看出诗人的痴迷和留恋之情。

月山寺地势低，围墙遮掩，庭院里气氛宁静，鸟语花香，曲径通幽，引人入胜。

旅游小贴士

地理位置： 河南省焦作市

最佳季节： 春夏秋季

开放时间： 07:00 ~ 17:00

旅游景点： 清风殿、连环井、凤凰台、苍公洞

⬆ 月山寺被绵延起伏的群山环抱，周围密林重重深锁，只露出青色的瓦顶给世人。

⬇ 月山寺前门外地势开阔，门楼矗立，围墙向四面伸展。

站在远处，眺望月山寺，绵绵青山渐渐铺开，像一条绿色的围巾绕在寺院四周，庙宇殿阁的瓦顶也泛出绿蒙蒙的翠色，一派生气。来到寺院前，庙门敞开，迎接四方来客，3间门楼与两侧红墙相连，气势恢宏，大有海纳百川之意。走进院落中，紧密簇拥在一起的楼阁遮挡住了阳光，相依的屋脊瓦檐平行，鳞次栉比，鸱吻背对，仿佛隔着一面镜子，左右对称。院中清幽的树影尽显墨绿色，给人一种清凉透心的感觉。

月山寺最美的景致莫过于八大景和七小景。何谓八大景与七小景？这八大景分别是清风殿、连环井、凤凰台、苍公洞、大士阁、望景台、将军柏、课蜜泉，八地景色各有千秋，引人入胜；七小景则为迎风壁、七皇塔、钟鼓楼、水龙头等，七处风光秀色可餐，惹人怜爱。难怪古人不惜文墨写下“月地由来号月山，蜿蜒一径入云关。真成七宝光无定，消受三秋趣以闲。平野色含菁峭外，飞泉声在翠微间。心疑开士幽居处，欲辨残碑藓已斑”“美景一时观不尽，天缘有份再来游”等佳句来赞誉月山寺的美景。

月山寺的美丽是文字难以表达的，尽管它没有响亮的名气，但是这座古刹的繁华和辉煌却永远都不会被人忘记。

少林寺 天下第一名刹

一部《少林寺》不仅成就了功夫巨星李连杰，更使这座号称“天下第一名刹”的古寺蜚声海内外，成为许多人心中挥之不去的功夫梦。如今包括少林寺建筑群、东汉三阙、中岳庙、嵩岳寺塔、会善寺以及嵩阳书院、观星台 8 处 11 项在内的历史建筑群总称为“天地之中”，是我国跨时代最长和种类最为丰富的古建筑群。

少林寺塔林规模庞大，历史悠久，不仅是历代高僧的安眠之所，更是少林寺的精神圣地。

作为古刹名寺，少林寺不负声望，它是禅宗和武术的双鼻祖，因坐落在少室山茂密的丛林中而得名。据传摩诃迦叶的第二十八代弟子达摩在少林广收门徒，因其武术自成体系且又风格独特，于是少林派便在江湖上声名远播，留下了“天下功夫出少林，少林功夫甲天下”之说。当然，这只是传说，但是也从侧面反映出了少林功夫的盛名。

菩提达摩是我国禅宗的开山祖师，受到了四方朝拜，万世敬仰。

少林寺建筑群以常住院、塔林和初祖庵等为主，其中常住院即是少林寺，也是少林寺的主体建筑，由南向北依次分布着山门、天王殿、大雄宝殿、法堂、方丈院、立雪亭和千佛殿。一入少林寺，康熙皇帝亲笔所提的“少林寺”3个大字便赫然出现在眼前。跨过山门，便是供奉象征“风、调、雨、顺”的四大天王，甚是威武雄壮。山门红墙绿瓦，斗拱彩绘的重檐歇山顶，令人过目难忘。穿过天王殿便是大雄宝殿，这是寺院佛事活动的中心场所，与天王殿、藏经阁并称三大佛殿。释迦牟尼、阿弥陀佛等的神像位于殿内，两侧还塑有十八罗汉像，皆是栩栩如生。袅袅香烟与悠扬的佛教音乐相得益彰，处处透着禅意和静谧的气息。

少林寺的塔林里分布着唐宋直到现代的石墓塔 231 座，是少林历代高僧安息的地方，因塔类繁多，形式多样，参差不齐如同茂林而被称为“塔林”。和塔林不同的初祖庵是为了纪念“禅宗初祖”菩提达摩而修建的纪念建筑，因达摩常常面壁静坐修行故而又称为“达摩面壁之庵”。

除却少林寺建筑群，嵩岳寺塔独特而又神秘，如一位得道高僧看破了俗世红尘，傲立风中。嵩岳寺塔坐落在嵩山南麓的嵩岳寺内，初建于北魏年间，历经千年风霜而屹立不倒，成为我国现存最早的砖塔。砖筑密檐的十二边形塔极为罕见，整个塔式上下贯通，呈现出圆筒的形状，各层重檐按照一定的曲率向上收缩。刚劲雄伟的塔身，柔和饱满的线条使嵩岳寺塔呈现出一种勃勃向上的生气，与四周秀丽的风景融合为一体。

东汉三阙不仅受到了佛门的浸染，同时又充满艺术气息。东汉三阙又称为“汉三阙”，包括少室阙、太室阙、启母阙，是一种独特的石雕艺术。阙是建造在城门宫门等地方相峙对称的建筑，是象征性的大门。太室阙是汉代太室山的庙前的神道阙，四面雕刻有人、动物等 50 多幅画，另外还有书法雕刻中的珍品隶篆铭文。而位于少室山下的少室阙上的铭文还记录有大禹治水“三过家门而不入”的故事，异常清晰。启母阙屹立于万岁峰下，本是汉代启母庙前的神道阙，因有“启母石”而得名。汉三阙象征着古老的封建礼制建筑，具有极为重要的考古价值和艺术魅力。

这座古刹历经了 2000 多年的历史风霜，依旧巍然屹立，它作为佛教的圣地，把一座山变得质朴静穆，十分庄严。

旅游小贴士

地理位置： 河南省登封市

最佳季节： 四季皆宜

开放时间：（旺季 3 ~ 11 月）07:30 ~ 18:00;（淡季 12 月至次年 2 月）08:00 ~ 17:30

旅游景点： 天王殿、大雄宝殿、藏经阁、立雪亭

少林寺佛像雕刻技艺高超，手法细腻，佛像人物生动传神，极具灵性。

少林寺的武术天下独绝，开创了我国古代武术的一个重要流派，更是世界著名人文遗产。

南海禅寺 佛光小南海

位于河南驻马店汝南的南海禅寺是我国著名的旅游风景区，其占地面积达到了3万多平方米，平原之上地势辽阔，楼阁殿宇依次铺排开来，规模庞大，气势恢宏。走进南海禅寺，留给人的第一印象就是辽阔的院落和碧绿的湖泊，林立的殿阁巍峨磅礴，盛气凌人，但又不失细腻的端庄美感，因而更加引人入胜。

相传南海禅寺源自于小南海，也就是人们常说的南湖。说来话长，此处原来只是历朝历代修筑城墙或巩固堤坝时取土的荒地，之后经过明清两朝不断地建造和修缮，已经初具规模。早期模仿南海普陀山寺院建成的观音阁、大士寺、准提楼、黄鹤楼等一批建筑，作为基础勾勒出了南海禅寺的轮廓，因为其小于南海的规模，所以就被称为“小南海”。小南海饱经风霜，古建筑几度损毁，但是依然香火不息，当代又获重建，才有了今日的辉煌景象。

大雄宝殿殿前上千平方米的广场地势平坦，36米的高度足以睥睨群楼。

穿过山门的牌楼，沿着500米的甬道放眼望去，12座花岗岩的牌坊从北向南依次站立，象征着生肖、菩萨和因缘，围栏石刻精美，两侧苍翠欲滴的柏树衬得灰白色的牌坊更加古朴，走在其中，好像从俗世凡尘里退去了一身的繁华，慢慢遁入了佛门圣地。南海禅寺的布局基本上呈一个“士”字形，围墙沿着汝河岸滩绵延，寺中3座石桥飞跨河上，通向3座门，依次为世界和平门、世界合作门、世界和合门，桥下流水潺潺，水面映照着殿宇的倒影，还有天空飘动的浮云。庭院里处处绿树成荫，石台上的世纪鼎金光闪闪，引人注目，不远处的楼阁屋檐像散开的花瓣，迎风招展，凌空高耸的姿态愈发显得灵动飘逸。

南海禅寺的中心位于大雄宝殿，大殿前上千平方米的广场地势平坦。远眺宝殿，36米的高度足以睥睨群楼，底座石台的四面围着栏杆，青色的石阶从地面攀上高处。大殿纵深开阔，石柱浮雕精美，向上看去，重檐三层升入云端，在阳光下金碧辉煌，令人叹为观止。堂内供奉着铜制的鎏金坐佛，17米高，重约72000千克，世间罕有。

大雄宝殿后跟着观音殿，殿中的香樟木雕观音菩萨像十分珍贵，造型优美，不仅前后双面，更有千手千眼，令人惊叹不已。左右建有文殊、普贤殿，二殿占地面积均在1500多平方米，高达21米，堂中供奉铜雕文殊、普贤坐像，通体鎏金，金光四射。

接着向寺院东北行走，进入白公上人舍利塔院。两座石碑对立，周围树木掩映，舍利塔露出白顶。来到塔前，花岗岩雕成的白塔极为美观，令人大饱眼福……

旅游小贴士

地理位置：河南省驻马店市

最佳季节：4～5月和9～10月

开放时间：06:00～17:00

旅游景点：十二牌坊、舍利塔

楼阁屋檐像散开的花瓣，迎风招展，凌空高耸，愈发显得灵动飘逸。

白公上人舍利塔院幽深僻静，舍利塔通体雪白，由花岗岩雕成，在阳光照射下更加美观。

白马寺 中国第一古刹

洛阳白马寺作为中土佛教的“祖庭”和“释源”，在佛教历史上拥有着举足轻重的地位，一直以来受到人们推崇。白马寺位于洛都之郊，古称金刚崖寺，相传建于东汉明帝永平年间，是佛教传入中国后第一所官方创办修建的寺院，号称“中国第一古刹”。

齐云塔巍巍矗立，在四周松柏的衬托下，更显笔直挺拔。

白马寺的来历极具传奇色彩，相传，东汉明帝刘庄夜间梦到浑身散发着光芒的金人，飞到了大殿前面。第二日早朝时，便向众大臣询问是哪处的神仙，有人回答是“佛”。明帝听后随即便派大臣蔡音、秦景等人出使西域寻佛取经。他们取经途经大月氏国时遇到了天竺高僧摄摩腾和竺法兰，并邀之来中原宣讲佛法，后二位高僧同意随他们前往，并用白马将佛经、佛像也驮载到了洛阳。东汉明帝见之十分高兴，就下令仿造天竺佛寺修建寺院，为铭记白马驮经之功，便将寺院命名为白马寺。在此后的 1900 多年里，佛教在我国逐渐生根发芽成为我国三大宗教之一，白马寺的影响可谓深远。

作为我国首个佛教寺院，白马寺并不是如后来的寺院一般隐藏在山水幽处，而是伫立在帝国权力的中心。千百年来，滚滚红尘与沉静佛寺只有一墙之隔，门前车水马龙。

站在寺前的广场上，只见两尊石刻白马静立门前。好像中国的佛教总是和白马有缘，印象最深的莫过于《西游记》里唐僧取经骑的白龙马了，可能《西游记》里的白龙马就是借用白马驮经的故事。走进白马寺的寺门，首先映入眼帘的是矗立在远处高耸的一座圆形塔庙和不远处的正寺院。一条青石铺就的道路缓缓向前，两侧分别是五彩缤纷的鲜花和一座人工水池，再往前就是正寺院，只见 3 个行云流水的鎏金大字“白马寺”题写在寺院正门上。

空海大师执杖站立，一身灰色僧袍，目视前方，左拳紧握，意志坚定。

藏经楼位于高处，气势恢宏，楼前台阶辗转曲折而上，古朴美观。

旅游小贴士

地理位置：河南省洛阳市

最佳季节：四季皆宜

开放时间：07:30 ~ 17:30

旅游景点：二僧墓、清凉台、大佛殿、齐云塔、大雄殿

唐朝武则天时期的名相狄仁杰就安葬在白马寺里。

在白马寺近 2000 年的历史中，由于其独特的历史地位，因此多次得到了拓建和完善，形成了一座坐北朝南的长条形院落，总面积达 4 万多平方米，拥有天王殿、大佛殿、大雄宝殿、接引殿、毗卢阁等诸多建筑。

大雄宝殿是白马寺的主要建筑，内部贡奉着 3 尊主佛，释迦牟尼居中而坐，左边是药师佛，右边是阿弥陀佛。在佛教中，这 3 尊佛掌管人生的过去、现在和将来三世，故称“三世佛”。

清凉台是白马寺景色最为优美的地方，也是摄摩腾和竺法兰二僧当年翻译佛经、宣讲佛法的场所。在台上建有毗邻阁，供奉着主尊毗卢佛，意为“光明普照”，左右的 3 间配殿中分别塑着摄、竺二僧的像。清凉台周围有小型建筑，一起构成了幽雅的庭式院落，院内两株明代种植的古柏，苍劲挺拔。每当花开之季，金黄色的花朵便会点缀在翠柏枝头，一片幽静之中给人以清新之感。漫步在清凉台，殿阁、庭院、花池、草坪，加上高耸云天的古柏，在蓝天白云的映衬下，好像绘就的一幅明丽的水彩画。

白马寺仿佛一个充满书卷气息的书生，没有深山古刹的冷傲，多的是一种平和。这里仿佛是一个超凡脱俗、远离尘世之境，至真且至纯。

佛像横卧，全身乳白，面前花团锦簇，悠然闲适，神色安然。

龙门石窟 石刻艺术宝库

“九朝古都”洛阳，作为一座历史名城，在悠久的历史长河中依旧光彩夺目，尽管黄沙弥漫的千秋岁月带走了许许多多的往事，但是这里文化的积淀从未停止过。当年斧凿的余音已经伴着黄河的涛声成为古老的歌曲，龙门石窟中沉默的佛像目睹了人世的沧桑轮回，不悲不喜，平静超然。

密密麻麻的石窟开凿在石壁上，大小不一，令人震撼。

卢舍那大佛是龙门石窟的标志。

香山寺因盛产香葛而得名，历史上屡毁屡建，是龙门石窟重要的寺庙。

在洛阳的文物古迹里，龙门石窟犹如一颗王冠上的明珠，熠熠生辉，光彩照人。龙门石窟位于洛阳市城南 13 千米处，是我国四大石窟之一。在香山和龙门山两山对峙，伊河从中穿流而过，远远望去嵌入一座天然门阙，所以古称“伊阙”。龙门石窟开凿于北魏时期，历经东魏至北宋等朝代，断断续续的雕凿时间长达 400 年之久，如今山上有 2300 多个洞窟，10 万多尊佛像，2800 多块碑刻题记，60 多座石刻佛塔。

走近一座标有“龙门”字样的古老石门，龙门大桥凌驾于滚滚的伊水河上，远处一座山丘上布满了密密麻麻的犹如马蜂窝一样的黑洞。定睛细看，在这大小不一、深浅不同的黑洞中隐藏着各式各样的佛像，每座佛像都惟妙惟肖，雕刻精妙，特别是那几座大佛令人啧啧称奇。

在龙门石窟最著名的佛像莫过于奉先寺里的卢舍那大佛了，奉先寺佛雕是龙门石窟规模最大、艺术最为精湛的一组摩崖型群雕。“奉先寺”虽称为寺，也是石窟，开凿于唐高宗初年，后有武则天捐助修建。在这座石窟中雕刻有 9 座巨大的佛像，各个形神兼备，有的面露凶恶，有的面带微笑。在一片明媚的阳光中，卢舍那大佛眼神专注地凝视着神州大地。卢舍那大佛为释迦牟尼的报身佛，“卢舍那”在佛经上是光明遍照之意。佛像通高达 17 米，头有 4 米高，耳朵长达近 2 米，据说是依照武则天的容貌而建。佛像面目慈祥，头顶发如卷云，一双秀眉低垂，鼻梁高挺，嘴角含笑。双耳垂下至肩，下颏微微前突，圆融和谐，安详自在，身着通肩式袈裟，衣纹简朴无华，一圈圈同心圆式的衣纹，把头像烘托得异常鲜明而圣洁。

在龙门山南段，有一处龙门石窟造像群，即古阳洞，乃是开凿最早、佛教内容最丰富、书法艺术最高的一个洞窟。洞窟开凿于 493 年，从天然的石灰岩溶洞的基础上开始，经过历代开凿，规模不断壮大。石窟内部释迦牟尼像占据主要位置，一袭袈裟披

旅游小贴士

地理位置：河南省洛阳市洛龙区

最佳季节：4 ~ 5月和9 ~ 10月

开放时间：（春夏秋季）07:30 ~ 18:30；（冬季）07:30 ~ 17:30

旅游景点：奉先寺、潜溪寺、宾阳洞、万佛洞、莲花洞、古阳洞、药方洞

身，嘴角有一抹笑意，令人不解，观音菩萨宝瓶在手，大势至菩萨摩尼宝珠闪耀，两菩萨一左一右侍奉。古阳洞的这些佛龛包罗万象，内容丰富多彩，使每一位来客都叹为观止，然而其中最令人痴迷的乃是“龙门二十品”，北魏时期的这20块碑记皆是当世的书法珍品，字体遒劲有力，雕刻笔法细腻，备受世人关注。

走进万佛洞，便可见到其南北两壁密密麻麻地排列着的15000尊小佛，其名“万佛洞”也由此而来。这些小佛最大者也仅有4厘米高，个个都雕刻得异常精细，是我国古代能工巧匠的智慧结晶。万佛洞长约500米，为前后室结构，其中前室有二力士二狮子造像，后室有一佛二弟子二菩萨二天王造像。洞内主佛为阿弥陀佛，其端坐于仰覆莲花束腰须弥宝座上，在束腰处雕有4位很有动态感的金刚力士，与主佛的静态形成了鲜明的对比。主佛背后雕有54枝莲花，且每枝莲花上都雕有一位菩萨，或为端坐像，或为侧坐像，或是手持莲花，或是窃窃私语，形态各不相同。万佛洞南北两壁的壁基处各雕有6位伎乐人，各手持箜篌、羯鼓等乐器。整体看上去，是一派歌舞升平、万人成佛的景象。

龙门石窟的佛像自身就是一本经书，游览就像阅读，千张面孔，千重禅机，引人深思。

佛祖造像形神兼备，有的面似凶恶，有的面带微笑，有的慈祥善目……

大雄宝殿气势恢宏，在苍翠古木和飞桥碧池的陪衬下更显幽深宁静。

大相国寺 汴京国寺

大相国寺门前开阔，两座雄狮雕像气势威武。

宏伟壮观的大相国寺始建于北齐，坐落在著名文化历史名城开封的市中心，历史悠久，是我国汉传佛教十大名寺之一。古典名著《水浒传》《西游记》都曾在书中提到过大相国寺，倒拔垂杨柳的故事最是令人难忘。

走进大相国寺，感受着皇家寺院殿宇的雄伟和精美绝伦。“深山藏古寺”，并非那么绝对，谁说只有深山密林里的寺院才有古色古香的气韵，大相国寺身处闹市，但同样也是一处幽境。回顾历史，歌舞升平的宋朝国都汴梁曾是多么的繁华，就像林升的那首《题临安邸》：“山外青山楼外楼，西湖歌舞几时休。暖风熏得游人醉，直把杭州作汴州。”大相国寺就在此时不断扩建，四海闻名，3000 多平方米寺院面积，六十四禅、律院巍巍耸立，高僧云集，来者不绝。

与唐宋时期的大相国寺相比，现在规模已远不如以前了，但是基本的格局没有太大变化，遗留下的建筑也多为清朝时期的建筑，比如说大雄宝殿、八角琉璃殿、藏经殿和钟楼。现在大相国寺重新焕发出了朝气，缭绕的烟气浮动在参天的古木之间，高墙内又是佛音阵阵。

千手千眼佛可谓是镇寺之宝，位于大相国寺的八角琉璃殿。

走进山门，跨过牌楼就是天王殿，天王殿顾名思义就是供奉四大天王的地方。天王殿中开三门，屋顶上飞檐翘起，琉璃瓦密密覆盖，显得朴素典雅，庄重大气。进入殿内，一位大肚弥勒坐在台上，这位欢喜佛总是笑容满面，无论何地的游人只要看到此佛，都会倍感亲切。两侧悬挂着那副著名对联：“大肚能容容天下难容之事，慈颜常笑笑世间可笑之人”。

大雄宝殿建立于清代顺治年间，正是大相国寺的主殿。来到大殿前，五间门面向两侧伸展，以 13 米的高度睥睨群殿，气势

五百罗汉堂上，罗汉金身塑像千姿百态，栩栩如生。

旅游小贴士

地理位置：河南省开封市

最佳季节：2～5月和9～11月

开放时间：08:00～18:30

旅游景点：钟鼓两楼、大雄宝殿、八角琉璃殿、藏经楼、大师堂

《水浒传》中鲁智深倒拔杨柳的故事就发生在大相国寺。

恢宏，不愧为“中原第一殿”，绝对是我国古代建筑中的瑰宝。站在大殿门口，两边白石栏杆上的狮子盛气凌人，好不威武。跨进内堂，释迦牟尼、阿弥陀佛和药师佛三世佛端坐在上，身后海岛观音携童子等众佛纷纷静立，好像正在等待佛祖开坛讲经说法。

在大相国寺，著名的千手千眼佛可谓是镇寺之宝。相传此佛是玉皇大帝的三女儿，为救父亲而挖掉自己的一只眼，剁掉了自己的一只手，此举感动佛祖，佛祖给她千手千眼，因此而成佛。千手千眼佛位于大相国寺的八角琉璃殿，佛像诞生于清乾隆年间，是用一整棵银杏树雕制而成，金光四射，灵气浮动。如今算来，此佛已经在此屹立了200多年，尽管冯玉祥曾在开封废庙逐僧，但千手千眼佛也未遭遇不测，实属万幸。

大相国寺除了宏大的寺庙建筑和精美的雕饰，还有一个非常有名的景点——相国霜钟，据说每年下霜的时候，大相国寺就会敲响那个著名的古钟，悠扬的钟声震荡在开封的上空，充满禅性。

出了大相国寺，走入车水马龙的街巷，背后的清香依旧袅袅腾空，悠远的钟声常在耳边，刺破了市井的纷扰与喧哗，千年的时光仿佛又一次掠过你身旁，大相国寺的故事慢慢在古城开封重新展开。

大相国寺非常有名的景点——相国霜钟，这钟声就来自钟楼。

古德寺 汉传佛寺第一奇观

古德寺在我国有两座，一座在武汉汉口，另一座在西藏同仁，这里我们要说的是第一个。武汉的古德寺创建于清光绪年间，以大雄宝殿为中心，经过不断的发展，现在已经成为 3600 多平方米的大型禅寺，备受国内外瞩目。古德寺建筑群造型精美，并带有明显的时代气息和城市文化特色。古德寺曾与归元寺、宝通寺、莲溪寺并称为武汉四大佛教丛林，如今又有“汉传佛寺第一奇观”的美誉，可谓鼎盛。

武汉作为我国的历史文化名城，与其他地方不同的恰恰在于它的时代性，可以将其比作为“内陆的上海”。古德寺屹立在扬子江畔，不仅富有中华传统文化的底蕴，而且和这座城市一样吸收了许多西方的气息，寺中的圆通宝殿就是典型代表。不同于传统的寺庙建筑，古德寺的琉璃瓦、飞檐、雕梁画栋等古老元素相对较少，取而代之的是浓厚的异域风格。在这里，你可以看到缅甸阿难陀寺的剪影以及欧洲宗教的风韵。

旅游小贴士

地理位置： 湖北省武汉市

最佳季节： 四季皆宜

开放时间： 07:00 ~ 17:30

旅游景点： 圆通宝殿、塔刹

圆通宝殿顶部独特的亭塔建筑。

亭阁式佛塔。

四面佛龛下面柱台，上接宝阁，雕刻精致，色彩斑斓，正中盘坐着一尊金佛。

走入古德寺，将是一次奇妙的旅程。缭绕的香烟在铜质的香炉中冉冉升起，优美的外观和镂刻的文字仿佛一下子将人带回古代。然而正当你感叹着中华的源远流长，陶醉在山野古寺的悠然之中时，眼前的景致便突然发生了新的变化。不远处，红色的带子挂满栏杆，其中围着一座四面佛龛，下面柱台，上接宝阁，雕刻精致，色彩斑斓，正中盘坐着一尊金佛，佛身偏瘦，线条分明，分开的双臂外展，迎接四方来客，这不禁使人联想到了东南亚各国的佛像模样，异域风情瞬间袭来。

仰面望去，正面高大的建筑足以使人震惊。古罗马式的廊柱托起华丽的殿堂，圆形的窗户嵌在满是雕花的墙壁中间，最精美的是不断上升的屋顶，哥特式建筑那伸向云霄的尖顶，永远藏着不可说的秘密，也许你会立刻想起雨果笔下的《巴黎圣母院》，这就是武汉古德寺的“佛教圣地一大奇景”。

圆通宝殿是古德寺的核心建筑。这座宝殿借鉴了缅甸阿难陀寺的建筑风格，搭配古罗马样式的结构，又融入希腊神庙和西方基督教建筑的许多表现手法修建而成，可谓是东西方宗教文化结合的经典之作，这在我国汉传佛教是独一无二的珍品，而全世界目前仅有两座，所以其价值是无可估量的。

圆通宝殿占地上千平方米，呈现单层正方形，气势宏伟，庄严肃穆。相比传统寺庙的大雄宝殿，古德寺圆通宝殿除了内外墙之间的回廊和方柱，最引人注目的就是顶部。站在殿前，仰望高耸的塔尖，可见到 7 座佛塔，另外两座隐在背后，塔身呈流线型，上面的纹饰色彩明艳，各种花卉、兽像的纹饰惟妙惟肖，印度和东南亚各国佛寺的景象慢慢浮现在脑海。96 个莲花方墩象征着“国之四维，天圆地方”。

在这座融汇了大乘、小乘和藏密三大佛教流派的寺院中，可以欣赏到多元化的建筑风格，感受不同的文化在这里和谐共荣。

龙华寺 蛇山名刹

读过吴敬梓《儒林外史》的朋友，可能还记得第三十八回《丫姑爷乘龙充快婿 知客僧拉马认干娘》中提到了一处武汉古刹，这就是龙华寺。龙华寺地处湖北武汉，屹立于蛇山之上，已经有 500 多年的历史，香火鼎盛，福泽四方。

据说龙华寺由太监王定始建于明朝成化年间，源于其母患病，为求平安，于是他在蛇山南坡修筑庙宇，并得到了皇帝御赐的“龙华寺”匾额。后来寺院不断发展壮大，蔚为壮观，然而繁华的龙华寺终究还是在历史的长河中遭遇了时代变迁的磨难，不仅文物大量遗失，寺院也破败不堪，直到 1994 年才得到了重建。

寻着书中的记忆，来到龙华寺，城市里的汽车鸣笛渐渐在林木之间变得遥远而轻弱，新增绿化植被已经慢慢覆盖起了寺院，苍翠的色彩显得更加幽深宁静。站在门外，门楼面阔三间，一排石阶升到门前，左右两扇朱红色大门关闭着，显得格外肃穆，金色的兽环对称分布在两侧，显露威严，正中央门洞敞开，可以窥见院中的香炉，门上是“龙华寺”大匾，一对楹联金字生辉。

旅游小贴士

地理位置： 湖北省武汉市

最佳季节： 四季皆宜

开放时间： 06:00 ~ 16:00

旅游景点： 观音殿、罗汉堂

念佛堂堂前开阔，仰面望去，两层楼阁傲然矗立。

步入院中，金黄色的围墙和殿壁透露出富贵的气息，汉白玉的石栏穿廊绕殿，灰色的阶梯连接着地面与高台。大雄宝殿是龙华寺最古老的建筑，它目睹了这座古刹的兴衰荣辱，能够免于毁灭，实属幸运。殿前 3 顶铜炉香火不断，从两侧石阶可以登上宝殿，灰色的屋顶十分古朴自然，线条流畅美观，檐下黄色的墙壁里窗门相接，“大雄宝殿”4 个金字落在横匾上吸引来者仰望。殿堂内宽敞明亮，干净整洁，天顶彩绘色彩斑斓，让人眼花缭乱。堂上一排座椅后面的香案浮雕精美，须弥座上金碧辉煌的宝阁里，佛祖垂目端坐，神态祥和。

走出大殿，转过回廊，笔直的长柱染着朱漆，身穿灰色僧袍的尼姑正在敲钟，声音传到很远的地方。接着来到念佛堂，堂前开阔，仰面望去，两层楼阁傲然矗立，屋檐随着目光向两边徐徐铺开，四角微微翘起，檐梢上瑞兽人物的雕塑精巧别致，檐下的斗拱重叠处引人注目，各种图案颜色鲜艳，十分美观。下层外侧 6 根红柱撑起了一道长廊，从门里进去，就是念佛殿，上层则为藏经阁，可由楼内的台阶攀上二楼。

走进禅堂之中，仰面看到木刻的菩萨手持如意，坐在一只横卧的象身上，面露微笑，神情平和。

大雄宝殿是龙华寺最古老的建筑，是这座古刹兴衰的见证。

归元禅寺 汉西一境

坐落在武汉市内的归元禅寺隶属于佛教曹洞宗，又名归元寺，与宝通寺、溪莲寺、正觉寺并称“武汉四大丛林”。它不仅是我国重点佛教寺院之一，也是湖北佛教协会的所在地，地位显赫，不同寻常。相传归元禅寺由僧人白光、主峰主持建造于清朝顺治年间，寺院名字来源于佛偈“归元性不二，方便有多门”，可谓意味深长。

归元禅寺作为“汉西一境”，秀丽的景致与古寺的神韵水乳交融，孕育出了别样的风光，吸引了众多前来参观的游客。来过归元禅寺的人都能体会到它的与众不同，山门前的简朴装饰，透出徽派建筑的素雅气质，松柏苍翠的色彩映上粉白的墙壁，短小偏窄的琉璃瓦顶仿佛一抹星光，门洞弧顶是蓝底金字的提名“归元禅寺”，门洞两边布置着几盆花木，须弥座上两只狮子回首对望，憨态可掬，十分可爱。

旅游小贴士

地理位置：湖北省武汉市

最佳季节：四季皆宜

开放时间：08:30 ~ 17:00

旅游景点：藏经阁、罗汉堂

放生池边的石狮子。

钟声悠远，耳畔余音久久不绝。

寺院分成 3 部分，依次是北、中和南院，占地面积达到了 1.7 万多平方米。步入幽深的院落，草木青青，老树萦绕，放生池边的汉白玉栏杆围成方形，四面楼阁的倒影在池中的水面上随着清波浮动，莲叶展开，犹如圆盘，几朵刚刚绽放的花亭亭玉立，不仅秀色可餐，更好像有佛光萌动一般，美不胜收。穿过亭廊，香烟缭绕的地方红色如火的是挂满平安符的木栏，许多游人都会在这面祈福墙上挂上自己书写的符，以祈求家庭美满，身体健康等。不远处时常传来幽幽的钟鸣，耳畔的喧嚣缓缓地随着那悠长的余音散了、消了，留下纯粹的宁静。

藏经阁面阔五间，左右敞开，楼高约 25 米。

进入北院，两株茂密的大树后面的红楼就是藏经阁，其面阔五间，左右敞开，楼高约 25 米，飞檐斗拱，雕琢精美，四面红墙显得肃穆凝重，楼前圆柱笔直挺立，附有龙凤纹饰。站在堂内，只见释迦牟尼玉佛像高居莲花台上，其他佛像云集四周，如众星捧月。除此之外，各种石雕法物、书画碑帖等珍贵文物十分丰富，例如宋代影印本的《碛砂藏》、清代的《龙藏》和民初上海印的《频伽藏》，李舜千书写的“佛”字和妙荣和尚抄录的《华严经》和《法华经》，更是举世罕有。

寺中核心建筑大雄宝殿位于中院，如今已有几百年的历史了。殿中释迦牟尼坐像袒露左臂，双眼微闭，神情祥和，阿难和迦叶像侍奉左右，接引佛笑弥勒协同韦陀和地藏守护在前，南海观音赤足踏浪与龙女和童子追随身后。群像前面香案高 16 米，横宽 4 米，镂空浮雕着唐僧师徒四人远涉天竺求取真经的故事，精妙绝伦。

祈福墙上挂上游客书写的符，以祈求家庭美满，身体健康等。

转进南院，罗汉堂首先进入视线。这座建筑始建于清朝道光年间，曾毁于灾祸，终得重修一直保存至今，成为我国佛教寺院建筑中的经典之作。堂中五百罗汉千姿百态，神情各异，再加上精湛的技艺，栩栩如生，宛若真人一般，正好对应民谚里流传的“上有宝光，下有西园，北有碧云，中有归元”。

衡山寺庙群 南岳禅寺

有着“五岳独秀”美誉的南岳衡山，“秀”是其景观的主要特色。山上终年翠绿，绿竹漪漪，花香四溢，泉水叮咚，确实是“五里不同景，十里两重天”。秀丽宜人的风景数不胜数，其中最具代表性的便是被称为“衡山四绝”的藏经殿之秀、方广寺之深、祝融峰之高和水帘洞之奇，形成了佛在千山万水中的别样风光。

旅游小贴士

地理位置： 湖南省衡阳市

最佳季节： 春末夏初

开放时间： 08:00 ~ 18:00

旅游景点： 方广寺、福严寺、佛经殿、南台寺

南岳衡山颇具奇幻色彩，各类传说引人入胜。例如盘古开天辟地，死后身体的左臂化作了南岳衡山；中华始祖炎帝神农氏追赶神鸟，用神鞭将神鸟打落变成了南岳，现在衡山的山徽“朱鸟”便是由此而来；南岳衡山位于天上二十八星宿之中的轸星之翼，“度应玑衡”，能够像秤一样衡量天地之重，所以叫衡山。身处衡山，缥缈之感油然而生，使掩映在山岭中的寺院也增添了些许神秘。

衡山作为五岳之一闻名于天下，文化底蕴十分深厚。作为宗教圣山的衡山，有别于其他宗教名山的独特之处就是山上佛、道并存，同尊共荣。道教是第一家传入衡山的宗教，历史文化悠久，许多道士在此开宗立庙，影响深远。据《南岳志》记载，历史上曾有不少有名的高道隐居于此，如第一个进入衡山的是老祖天师道教创始人张道陵。佛教禅宗也在此发扬光大，次第出现临济、曹洞、云门、法眼、沩仰五大宗派，蔚为壮观，博大精深的佛教文化使衡山更加如日中天。

观音岩位于高台寺下，由巨石堆叠而成。

大雄宝殿两重檐顶耸立，香烟缭绕，略带神秘之感。

南岳大庙，不仅是衡山，更是我国南方最大的宫殿式古建筑群，巍峨宏伟，气势非凡。南岳大庙具有民间祠庙、佛教寺院、道教宫观和皇宫殿宇的诸多特点，在我国南方及五岳中都堪称规模之最。历经各朝重修和扩建，大庙才有了宏伟的规模。现在的大庙只存九进、四院、八寺和八观等建筑。中轴以儒家为主，往东是 8 个道观，西侧 8 个佛寺，儒、释、道三教共存，举国无双。

这里是我国天台宗的发源之一。衡山寺庙众多，例如福严寺、南台寺、佛经殿、方广寺等，其中被誉为“南山第一古刹”的福严寺高居首位，建寺 1400 多年。岁月绵绵，寺院中的银杏古树与庙宇几乎同龄，饱经沧桑却依然枝繁叶茂，生机盎然。藏经殿四周奇树丛生，亭台藏在其中，幽幽的院落中景色宜人，殿堂里烟雾缭绕，从朱元璋藏经书于此之后，名声大噪，四方敬仰。方广寺中潺潺流水衬着葱郁的古木，显得越发幽静，廊腰缦回，石阶穿行，禅房里木鱼声和诵经声和鸣，引人入胜。

来藏经殿游览的人数众多，熙熙攘攘，好不热闹。

六榕寺 花塔福地

广州市的六榕寺因苏东坡的墨宝而名声显赫。作为我国南方著名的古刹，六榕寺如何博得一代文豪的垂青呢？原因就在于六榕寺的历史地位与宗教建筑。六榕寺和光孝、华林、海幢寺合称广州佛教的四大丛林，历来倍受推崇，六榕寺中的花塔更是闻名遐迩。

翻开尘封的历史，六榕寺最初的模样已经随着梁代的灭亡和北宋的大火消失在岁月的长河，现在我们看到的寺庙是南宋重建的净慧寺。据说有一日苏东坡来到寺中，目睹了前朝留下的 6 株老榕树，倍感惊奇，于是挥毫泼墨写下了“六榕”二字，从此之后，人们渐渐就将寺名改为了“六榕寺”。

如今来到六榕寺，门前的横匾上的“六榕”二字，熠熠生辉，字体圆润，充满了一种福态。一副楹联高挂门两侧，上手为“一塔有碑留博士”，下手是“六榕无树记东坡”，由此可见，六榕寺中的“六榕”已经不复存在了，实在令人惋惜。走入门厅，接引佛笑弥勒坐在台上，台体下面接地，上部高高耸起，形成了一道屏风，掩盖住了寺内光景。拱手作揖后，从两侧绕过步入院中，眼前楼宇耸立，苍翠的树木使得寺庙越发的幽静，铜炉中香烟如柱，袅袅升起，萦绕在亭阁石阶之间。来往的游客到此，总会默念心中的夙愿，祈求一切遂愿，一切平安。

铜炉精致漂亮，炉中香烟如柱，袅袅升起，萦绕在亭阁石阶之间。

六榕寺与光孝寺齐名，历史地位相当，所以向来有“光孝以树传，净慧以塔显”一说。尽管没有了昔日的古榕，但是六榕寺的塔依旧名声在外。绕开殿堂，举目遥望，在一片蔚蓝的天空下，一座高塔直刺云端，傲视四方，塔身八面玲珑，笔直秀美，惹人怜爱。这座高塔名为千佛塔，又因为其色彩斑斓，光艳照人，故而又称“花塔”，高达 57 米，属于广州有名的古代高层建筑。基座平稳，八面敞开，塔外 9 层，内部 17 层，呈现十一角形，檐角飞翘，犹如舞动的翅膀一般，富有动态的美感，塔顶宝盖鸟瞰四方，塔尖上元代的千佛铜柱直接霄汉。

花塔高达 57 米，属于广州有名的古代高层建筑。

千佛塔向东，山门、弥勒殿、天王殿和韦驮殿一路铺开，气势恢宏，塔西侧大雄宝殿高耸，殿内供奉 3 尊黄铜大佛像，皆为清康熙年间的遗物，高约 6 米，重达 10000 千克，为广东省现存古代铜制佛像之最。院落深处的榕荫园尤为特别，六祖堂、观音殿、僧舍斋堂、功德堂就坐落在此，其中禅宗六祖惠能铜像高居六祖堂中，神态平和，仿佛正在参悟禅经，专心致志，极为逼真……

旅游小贴士

地理位置：广东省广州市

最佳季节：四季皆宜

开放时间：08:00 ~ 17:00

旅游景点：六榕花塔、大雄宝殿

南山寺 海天丛林

白衣观音铜像高 108 米，屹立在海滨，俯瞰脚下海浪翻滚。

佛教文化公园位于海南三亚西边的南山景区，南山寺就在其中。与以往那些古老的寺院相比，南山寺显得有些稚嫩，从 1995 年兴建算起，至今也不过 20 来年的时间，然而这座寺庙并不逊色，随着近些年的发展，它已然成为南海之滨新崛起的佛教道场，闻名中外。赵朴初先生曾亲临寺院，为南山寺题名，并留下了“海天丛林”等诸多墨宝，锦上添花，更显风韵。

南山寺背靠南山，面临大海，面积 2400 多平方米，幅员辽阔，整体布局带有明显的唐朝寺院风格，寺中风景宜人，楼宇殿阁分布在山水密林之间，香烟袅袅，萦绕如丝，来来往往的游人摩肩接踵，场面壮观。当远眺南山寺时，就如同在欣赏一卷重彩山水画，处处都有说不尽的美景圣境。

初临南山寺，迎着海风，眺望南山起伏，相信你第一眼看见的定是屹立在海滨的白衣观音铜像，铜像高 108 米，犹如镶嵌在碧海蓝天之间的一颗明珠，观音菩萨颔首低眉，面目安详，俯瞰脚下海浪翻滚不息，好似千万朵莲花次第盛开，不禁又令人想起了观音巡南海的传说。慢慢走近南山寺，层层抬高的阶梯不断上升，寺院中的建筑基本上位于八层递增的平台上，总共落差近50米，迎面便是仁王门，殿中供奉着密迹金刚和那罗延金刚两位佛家的守护神，据说佛经中记载了金刚护法有功，因而被封为了仁王，所以南山寺的“三门”就改成了仁王门。

一路前行，寺院里草木青翠，鸟语花香，草地上金佛罗汉的塑像引人注目，佛像千姿百态、各有不同，宛若真人一般，还有石雕的动物，例如横卧的白象，爬行的小龟等，模样可爱，富有灵性。高大的风景树下，一排悬挂的铁钟佩戴着绸缎的花，斑斑的锈迹表明它们的年纪，安静的古钟变成了展品，同样是南山寺的风景线。

接着来到寺中的金堂，也就是传统的大雄宝殿，不过在唐代时，被称作“金堂”，所以南山寺还原了这种叫法。作为寺庙主殿，大雄宝殿中供奉的是佛祖释迦牟尼，佛像盘腿坐在莲花台上，左手边是东方净琉璃世界教主药师佛，右手边手是西方极乐世界教主阿弥陀佛，三者统称“三世佛”，十六罗汉四周侍奉，势如众星捧月，蔚为壮观。

站在高处，俯瞰寺中景象，湖泊如明镜迎着楼阁殿影，海风吹来，绿波潮涌一般起起落落，不知当年鉴真法师东渡日本弘扬佛法时走过的这片土地是什么模样，但是可以感受得到南山寺临海听潮的禅意，更能体会到无边的慈悲。借着山岭遗留的晚霞，慢慢走出南山寺，灯火渐渐在微微的夜色中闪动，人声喧嚣，随着脚步淡退，宁静重新回到这里，晚钟悠远，与潮声和鸣，起起伏伏的山影变暗隐藏，观音依然双目微闭，注视着光怪陆离的尘世。

旅游小贴士

地理位置：海南省三亚市

最佳季节：四季皆宜

开放时间：08:00 ~ 17:20

旅游景点：海上观音、天竺圣迹

石雕的动物例如横卧的白象，爬行的小龟等，模样可爱，富有灵性。

寺院里金佛罗汉的塑像引人注目，佛像千姿百态，各有不同。

金玉观音殿是南山寺重要的建筑，游客常在此拍照留念。

南华寺 南禅“祖庭”

“菩提本无树，明镜亦非台，本来无一物，何处惹尘埃”，佛教禅宗六祖惠能曾在华南寺写下这首佛教历史上著名的诗句，从而开启了“南宗禅法”，所以南华寺自古都有南禅“祖庭”之称。遥想当年，六祖惠能从北到南，怀抱大志，在此宣扬佛法长达 37 年。

南华寺始建于南北朝梁武帝天监元年（502 年），一开始，梁武帝御赐其名为“宝林寺”，之后频频更换，例如“中兴寺”“法泉寺”等。至于“南华禅寺”一名的确定，已经到了宋朝开宝时期。现在的南华寺保留了宋代的名称，又因为此地曾是六祖惠能讲佛传法之处，因此也常被称为“六祖道场”。

南华寺坐落在广东省韶关市，毗邻曹溪，建筑面积约有 1.2 万多平方米，规模庞大，气势宏伟。寺院中，曹溪门、放生池、宝林门、天王殿、大雄宝殿、藏经阁、灵照塔、六祖殿等建筑构成主体，常常是游人必到之地。

南华寺风光旖旎，湖上横桥，桥上亭子如翩翩舞女，仿佛随着细波在轻轻舞动。

大雄宝殿是南华寺的主殿，原建立于元朝大德十年（1306年），后来又进行过多次重修。站在殿前，月台开阔，回廊围绕大殿一周，与门面相衬，更显得雄伟气派。遥看屋檐上檐角飞翘，犹如飞鸟振翅一样，充满灵动的感觉，正脊处鸱吻相对，雕刻得栩栩如生。步入大殿之中，迎面可见3座大佛，佛像通高都在8米以上，庄严肃穆，令人心生敬意。此外，殿中的五百罗汉像可谓是世间珍宝，因为这是我国现存唯一的宋代木雕五百罗汉群像。说起这些罗汉像，总让人感到惋惜，据说当年从宋朝流传下来后，明代还为塑像粉金，使其焕然一新，但是却有133尊在清朝光绪年间被大火烧毁。后来遭逢乱世，虚云法师为了保其周全，便将剩余的大部分罗汉像藏进了大佛肚中，直到1963年被人发现，雕像依旧保存完好。

南华寺里的灵照塔也相当出名，仅仅从修建时间上说，它已经算是古老了。不过，唐宪宗元和七年（812年）最初所建的灵照塔是一座木塔，直到宋朝才将其改建为了砖塔。后来经过多次重修，才有了今天我们见到的模样。仰面看灵照塔，只见一座5层的高阁升上云端，塔身呈八角形散开，好像花瓣一样清秀美观。从门下进入塔内，螺旋形阶梯一直通向塔顶高处，临窗眺望四周景色，南华寺院落尽在眼底。

在寺中，六祖真身，唐、元、明代圣旨，御制金丝千佛袈裟，清代《大藏经》和铁铸观音等藏品极为珍贵，可算是南华寺传世之宝。六祖真身是其中最宝贵的一件，据说是六祖的身体坐化而成，可见其珍贵。

旅游小贴士

地理位置：广东省韶关市

最佳季节：四季皆宜

开放时间：全天开放

旅游景点：曹溪门、放生池、宝林门、天王殿、大雄宝殿、藏经阁、灵照塔

大雄宝殿是南华寺的主殿，原建立于元朝大德十年（1306年）。

五百罗汉的木刻真品成为南华寺木刻艺术的象征，随之流传的雕刻手艺依旧还在延续。

黄大仙祠 港岛圣地

↑ 啬色园原是私家园林，后成为黄大仙祠重要的宗教场所。

黄大仙祠位于香港九龙，是香港最著名的庙宇之一。在香港几乎无人不知黄大仙祠，它也是经常出现在香港的很多电影里，可谓享负海内外盛名。黄大仙祠原名啬色园，始建于 1921 年。相传祠内所供奉的黄大仙“有求必应”，因此香火非常旺盛，成为著名的庙宇。

香港的黄大仙祠源于广州的黄大仙祠，1899 年，广州黄大仙祠在重建后香火旺盛，成为广州的宗教圣地，对周围一带影响深远。后来由于历史原因，原黄大仙祠南迁至香港，并于 1921 年在九龙重建，也得到香港本地人的祀奉。

黄大仙祠不仅香火旺盛，备受人们的追崇，而且在我国的宗教建筑中也非常特殊。巍巍的黄大仙祠可谓集儒、释、道 3 家于一身，珍藏着不少道教、佛教和儒家的典籍，也是香港唯一一所可以举行道教婚礼的宗教庙宇。经过几十年的悉心经营，如今的黄大仙祠建筑雄伟，金碧辉煌，整个庙宇占地 1.8 万多平方米，拥有大雄宝殿、三圣堂、从心苑等诸多宏大建筑。

想要到黄大仙祠，坐地铁是最佳的选择，在黄大仙站下车从 B 站口出来就是。走近黄大仙洞，抬头就是一个刻有“天地钟灵”的牌坊式大门，精美华丽，熙熙攘攘的人群在此进进出出。大门两侧有着众多的售卖商店，琳琅满目。向里走就是啬色园的大门，啬色园本来是旧时香港几位绅商的私人修道别墅，在承接广州的黄大仙祠之后逐渐演变成为大众的庙宇。因此，黄大仙祠也叫啬色园。啬色园的大门是三门四立柱的牌坊式大门，灰白圆润的石柱粗壮结实。两侧还各有一座雄伟的坐式麒麟，前爪紧握铜球，怒目圆睁，大口微张，非常生动威武。

赤松黄仙祠是整个建筑的主殿，规模宏大，雕梁画栋，金色琉璃瓦的屋顶，显得庄严肃穆。殿门前有敬香的香炉，每日烟火缭绕，香火不断。特别是每年农历大年初一，市民都要争头炷香，

旅游小贴士

地理位置： 香港特别行政区九龙

最佳季节： 四季皆宜

开放时间： 07:00 ~ 17:30；从心苑：09:00 ~ 16:30

旅游景点： 赤松黄仙祠、三圣堂、盂香亭、麒麟阁、从心苑

赤松黄仙祠殿是祠中的主殿，规模宏大，每日香火缭绕。

经堂现是啬色园办事处，前面 7 朵莲花组成的玉液池非常精致。

成为一年一度的农历贺岁佳话。走进殿内，正中是黄大仙的坐像，面容微妙，头戴金冠，身着黄色道衣。坐像前的香炉内香烟袅袅，游人如织。

三圣堂是黄大仙祠比较特殊的建筑，因奉祀吕祖、观音和关帝，而且内部还悬挂着万世师表孔子的画像，被誉为儒、释、道三位一体的建造。在过去，虽然 3 家没有达到水火不相容的地步，也是尽可能避免一同祭祀的，或许是在特殊的历史时期和香港人多地密的原因才会产生这样的宗教建筑。

在黄大仙祠有着众多的亭阁，悬挂着“皆大欢喜”“普济劝善”等匾额。走过小亭，迎面可见一面照壁，然后就是盂香亭，里面供奉着燃灯古佛，是祠内祈求健康的地方。经堂位于盂香亭的右边，前有一座由 7 朵莲花组成的玉液池。经堂后面是一座铜亭飞莺台，据说是黄大仙休息的地方，禁止妇女进入。此外，祠内还有孔门道、奉祀孔子及其 72 名弟子的麒麟阁、有着传统园林构造的从心苑、祈求婚姻美满的凤鸣楼以及仿造北京九龙壁而建的九龙壁，整个建筑古典雅致，充满古色古韵。

在风水特色浓郁的香港，黄大仙祠选址建造于九龙有着特殊的意味。据说建筑所处的地方形似狮子驮铃，是九龙的第七支龙脉，建筑坐落庄严，各色山水灵气汇聚，风景优美，钟灵毓秀，因而能长久享受万家香火，长盛不衰。黄大仙祠不仅有深厚的人文底蕴，而且景色优美，虽地处人口稠密、高楼林立的香港中心，但是园林建筑雕梁画栋，桥廊蜿蜒，是一处不可多得的美景。

黄大仙祠内有着传统园林布局的从心苑，曲折回廊、飞瀑小桥，景色非常优美。

妈祖阁 澳门天后宫

“你可知Macau不是我真姓？……请叫儿的乳名，叫我一声澳门”这首闻一多先生的《七子之歌——澳门》因澳门的回归一时传唱甚远，也带领我们领略了那个曾经熟悉而又陌生的地方。葡萄牙人之所以把澳门称之为“Macau”是源于妈祖。澳门人把妈祖阁简称为妈阁，在粤语中为“Macau”的发音。当年的葡萄牙侵略者进入澳门的第一站就是妈祖阁，向当地人询问此地是何处时，当地人就说这里是“妈阁”，于是入侵者就以“妈阁”作为澳门的发音。由此可见妈祖阁在澳门的历史地位。

妈祖阁的大门并不壮观，却充满韵味，红红的灯笼、鎏金的大字、冉冉的香烟，还有琉璃的盖瓦浑然一体。

每年的三大节日，妈祖阁都会举办大型的庆祝活动，用以祭拜妈祖。

妈祖阁位于澳门半岛的西南端，始建于明弘治元年（1488年），距今已有500多年的历史，是澳门最著名的名胜古迹之一，也是澳门三大禅院之首。“妈祖”在闽粤话里是“母亲”的意思。传说妈祖是宋朝福建人，姓林名默，自幼聪明伶俐，具有神通，经常救助在海上遇难的船只。后来人们感其恩德，将她视为护航海神。后来明朝时期有福建商人在遇救之后就在显圣处设庙纪念，这就是妈祖阁。

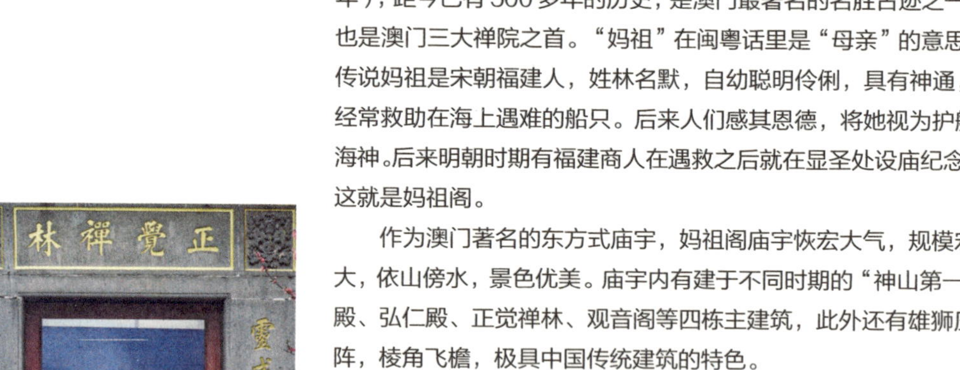

作为澳门著名的东方式庙宇，妈祖阁庙宇恢宏大气，规模宏大，依山傍水，景色优美。庙宇内有建于不同时期的“神山第一”殿、弘仁殿、正觉禅林、观音阁等四栋主建筑，此外还有雄狮压阵，棱角飞檐，极具中国传统建筑的特色。

走近妈祖阁，大门是一座牌楼式的花岗岩古建筑，通高4.5米，“妈祖阁”3个大字绘就在门楣上，两侧有“德周化宇，泽润生民”的楹联。整个牌坊很有传统的中国韵味，飞檐状的屋脊，装饰有吉祥如意的样式和图案，精美华丽。门口还有两尊威武的雄狮坐卧，镇守着庙门，栩栩如生，威风凛凛，是300多年前的遗留之物。此外园内还有一座刻有一艘古代海船的巨石，称为“洋石船”，桅杆上挂着一面写有“利涉大川”的幡旗。据说这是福建商人专为救助的船只而建。

正觉禅寺也是供奉天后的地方，跨进窄窄的庙门，即可敬香祭拜。

被誉为“神山第一”殿的建筑是妈祖阁的正殿，里面供奉着天后的塑像。整个建筑几乎是由花岗岩雕凿而成，屋顶以琉璃瓦覆顶，并有着夸张的正脊和垂脊，高大的墙体上雕琢有大面积的琉璃花砖方窗，异常精美。

与正殿在一条直线上的弘仁殿是妈祖阁建筑中最小的庙宇。庙宇背倚山石，并以之作为后墙，再用花岗岩盖顶和三面墙体，坚固厚实。弘仁殿也是天后的供奉之地，还有侍女以及魔将海怪的浮雕。观音阁是四座建筑中位置最高的，也是由岩石构造而成，风格较为古朴。相比其他 3 座建筑，正觉禅林在妈祖阁的位置较为特殊。整个建筑是由供奉天后的神殿和作为民房的静修区组成。正殿是个三开间的建筑，琉璃瓦覆顶，两侧有金字形的“镬耳”山墙，极具闽南的建筑风格。

妈祖阁每日香火不断，每逢除夕、妈祖诞辰和重阳节，更是人山人海，四面八方而来的香客更是络绎不绝，可见妈祖在人们心目中崇高的地位。据悉，妈阁庙每天要接待游客近万人，在这个不大规模的建筑上，承载着几百年的传统文化。

妈祖阁的保存及发展对于澳门这座被侵占了几百年的城市来说，不能不算是个奇迹，其固守着延续千年的传统文化，并逐渐发扬光大，成为如今澳门文化与旅游的标志之一。

旅游小贴士

地理位置：澳门特别行政区半岛

最佳季节：春季

开放时间：07:00 ~ 18:00

旅游景点：大殿、弘仁殿

屋顶建筑上精致的装饰，雕塑图案栩栩如生，色彩艳丽。

彌陀佛

第四章

华东地区名寺古刹

千佛山 群佛胜景

济南三大景观中，除了趵突泉和大明湖，就是千佛山。千佛山位于济南市历下区，自古以来就是一座名山，唤作历山，其属于泰山的一处支脉，一直绵延到济南附近，相传大舜曾在此耕田，所以后人也将其称作舜山或舜耕山。

然而舜山与“千佛”又有什么关系呢？来到千佛山公园，远远望去，只见山势连绵，颇有神韵。由地图上的信息可知，这便是“坐鳌巨佛”，堪称世界之最。从南面看，金鸡岭、佛慧山和平顶山略显出些轮廓，直到视线移向东方，燕子山的“鳌头”才将这座景观连成一体，而更让人称奇的是，如果在高空中俯瞰千佛山景区，可见一尊巨型的坐佛栩栩如生，不禁使人感叹大自然的鬼斧神工。

罗汉千姿百态，雕刻技艺精湛。

沿西侧登上千佛山，在葱郁的密林中，一尊巨佛巍巍矗立，犹如一座小山，只露出金色的佛头，佛祖双耳垂肩，两目微开，眉间一颗红痣宛若旭日。移步易景，不多远处，有一处古亭，亭旁老槐树苍翠遒劲，据说唐朝名将秦叔宝曾在此拴过马。接近半山腰，彩绘牌坊上“齐烟九点”四字引人注目，再行数十步，视野变宽，穿过云烟能够望见大明湖，接着兴国寺就到了。

兴国禅寺兴建于明朝，饱经灾祸，几度损毁，但万幸的是，经修缮后的寺庙又重新繁荣如昨。站在门前，一对楹联高挂，上联写“暮鼓晨钟惊醒世间名利客”，下联接“经声佛号唤回苦海梦迷人”，词意隽永，意味深长。寺中殿阁错落有致，庭院深深，弥勒殿、观音殿、达摩殿、玉佛殿以及大雄宝殿构成整体布局，钟鼓楼、禅房、经舍等点缀其间，井然有序，常常使游人流连忘返。

寺庙背后正是千佛崖，崖上高耸的 60 多尊佛像皆是隋朝的石刻作品，具有极高的审美价值，其中“大佛头”掩映在林木之间，露出佛头，身体其他部位融入山峦，来往者无不惊叹。可与千佛崖相媲美的只有万佛洞了，沿着盘山路前进，一路上都能见到石雕的各种佛像和罗汉，千姿百态，技艺精湛，最受推崇的是一尊卧佛，为释迦牟尼佛的睡姿，有 10 米长，50000 千克重，一段红绸披身，微合双目。再往北走，万佛洞近在眼前，这是千

万佛洞由莫高集锦、龙门精华、麦积奇观、云冈荟萃四部分构成。

卧佛为释迦牟尼佛的睡姿，有 10 米长，50000 千克重。

旅游小贴士

地理位置：山东省济南市

最佳季节：秋季

开放时间：08:00 ~ 17:00

旅游景点：兴国禅寺、千佛崖、观音园、万佛洞

佛山的又一处胜景，洞深500多米，由莫高集锦、龙门精华、麦积奇观、云冈荟萃四部分构成，预示着万佛洞造像兼备我国“四大石窟”之长，游览之时，仿佛沿着历史长河重温佛教的发展与变迁，深受人们的喜爱。

弥勒胜苑园也是难得的去处，只要一踏入园中，古色古香的建筑群和苍翠的树木立刻会让你感觉到一种清幽的气息。漫步在樱花、白松和梧桐树下，沁人心脾的清香在空中弥漫，让人感觉惬意。弥勒佛就在眼前，首先映入眼帘的是佛像脸上的笑容，再看须弥座上莲花绽放，金色的佛像20米高，依然保持着通常的坐姿，在背后青山的衬托下显得更加高大。

观音园中白衣观音一身清素，矗立在一片绿色的浪涛之间，略有几分南海观潮的韵味，园中的池水微漾着碧波，荷花亭亭玉立，随着细风轻轻摇动，四周鸟鸣花香，安然闲适。龙泉洞中山风呼啸，宛若诗人刘大绅所说，“千尺高岩万树林，时时洞口老龙吟”，让人感叹自然的神奇。

佛祖双耳垂肩，两目微开，巍巍矗立，犹如一座小山。

卧龙寺 唐朝梵刹

山东沂水城西南有座龙岗山，山下就是闻名遐迩的地下大峡谷，这里溶洞幽深，风景秀丽，其间有一处卧龙寺，据说颇具有唐朝遗风，梵音不绝，风貌奇特。卧龙寺是山东地下大峡谷景区唯一的一座佛教寺庙，为这幽寂的自然风光增添许多人文色彩。

来到地下溶洞大峡谷，入口处就是卧龙寺。踏上石阶一步步来到山门，抬头仰望，横额“卧龙寺”3 个大字引人注目，此为赵朴初先生亲笔手书。透过门廊向寺院里面看去，香烟朦胧，看不太清晰，所以只有进入其中，才能领略真正的卧龙寺。

香炉中香烟袅袅升起，在殿阁庭院之间飘荡，为寺院染上了一层神秘。

千尊罗汉殿位于灰白色的石台底座上，巍巍高耸入云，犹如高塔，四层檐玲珑美观。

听说进入卧龙寺，首先要跨越高高的门槛，然而跨门槛还有个规矩，正所谓进入佛门清静之地，行为举止必须收敛一些，然而过佛槛的时候，男士应先迈出左脚，女士为右脚，大步跨过代表走过人生的一世坎坷，从此顺顺利利，福运相伴，不仅妙趣横生，而且意味深长，使人受教。只有开怀豁达，你才能找到难得的快乐与幸福。

院中建筑沿着地势不断攀升，至高点上是寺院核心大雄宝殿，其他殿阁依次有序地分布，错落有致，整体集中，蔚为壮观。青石绿草色彩交替变化，熙熙攘攘的游人穿行在古色古香的殿阁之间，仿佛一下来到了古代，倍感新奇。扶着石栏杆向上走，石雕的小狮子蹲踞在柱头上，神气十足，脖颈上系着红丝带，可爱至极。翻滚的祥云图也围着平安符，跟院子里高高挂起的丝带一样，上面金色的字迹全是祈福的愿望，随风翩翩舞动。

带着敬畏的心情来到大雄宝殿前，点上一炷香，祈求佛祖的庇护。几百年来，几乎每一个来客都重复着同样的举动，但却诉说着不同的世事，也只有矗立的佛祖历经日月变幻，不改其颜。

大雄宝殿重檐瓦顶盛气凌人，双鸱吻兽分布在正脊两端，仰望云天，琉璃瓦密密铺开，似鱼鳞整齐有序，又像细细的波纹线条美观，檐下青绿海蓝的斗拱重重叠叠，接着朱红色的圆柱，上下合为一体，庄严而肃穆，典雅而不俗。大雄宝殿位于高台之上，外面镶着石栏杆，如同一道罗裙的白边，而在这高台下，石阶两侧各有一间阎王殿，这里就是佛教文化中的地狱，步入其中，阴风阵阵，使人感到一股由外及内的凄冷，各种鬼怪雕塑让人心惊胆战。进入大雄宝殿，金佛正身盘坐，双目低垂，其他僧众环列四周，整个场面呈现了佛教圣地静穆庄严的景象，与阎王殿中大不相同，这两重天地无疑是在告诫人们，善恶的选择其实只是一念之间而已。

站在高台上俯瞰寺庙，心境豁然开阔，远眺罗汉殿，灰白色的石台底座方方正正，殿阁巍巍高耸入云，犹如高塔，四层檐玲珑美观，一层廊柱林立，环绕露台一圈，二三层彩色栏杆明艳照人，顶层彩绘色彩斑斓，尖端有铁柱擎天。其他楼阁露出宝顶，在阳光下熠熠生辉。

旅游小贴士

地理位置： 山东省临沂市

最佳季节： 四季皆宜

开放时间： 08:00 ~ 17:00

旅游景点： 观音殿、千尊罗汉殿

院子里高高挂起的丝带，上面金色的字迹全是祈福的愿望。

青云寺 花木佛香圣地

山东淄川自古以来就是有名的风景名胜之地，其中位于岭子镇西北部的青云寺名声在外，它不仅是淄川县八大寺之一，更高居淄川二十四景榜首。青云寺原名为上泉庵，始建于明代，寺庙宏伟壮丽，吸引了许多文人雅士的造访，例如张中发、蒲松龄等。可惜古寺在动乱之中损毁殆尽，独有天王殿和祖师殿仅存，直到 1997 年，青云寺才得以重修，又展露出了昔日的风采。

《淄川县志》中记载，明朝正统年间，有一高僧明净在此山谷内修行，之后传下门人弟子，到元、明的时候建立了上泉庵，也就是青云寺。时光荏苒，匆匆之间青云寺在此已经 500 多年了，许多人事都随着历史的烟尘成为昨日，只有那些依然未老的松柏还守候在这里，聆听着寺院中的梵音。

彩色的石狮子相对，气势威武。

如今来到青云寺，游客往往会被沿途的风景迷醉，然而寺院却在松林深处，看不到模样。沿着石阶在山岭中寻找，只见怪石嶙峋，悬崖峭壁，处处都有好景致，突然听到云海中传来阵阵钟声，才明白青云寺就在不远处了。来到山门外，高耸的殿宇与幽幽的林木融为一体，绵延的围墙在树林中时隐时现，低檐呈波浪形起起伏伏好像游龙，彩色的石狮子对坐在门首，气势威武。

走进寺院，各种珍稀的古树种历历在目，例如枫、栌、槲、楷、流苏等名贵品种，尽管经历了 500 多年的风霜雨雪，依然苍翠欲滴，生机勃勃。漫步在庭院中，两人合抱的双柏，枝干挺直，拔地而起，刺向云霄，树身上斑斑的青苔使得老树更加苍劲，新生的叶子仿佛还有淡淡的清香；红色的栌树和枫树颜色明艳，引人注目，等到深秋，更是像火一样烧遍寺院和山坡；槲树小小的叶子铺满枝头，阳光从叶间的缝隙里穿过，在地面的石板上留下斑驳的绿影；良木楷树，备受“楷树生于孔子墓，模树生于周公墓”的这般赞誉，流苏繁花，每年的四月初八庙会之时更加惊艳绝伦……

亭廊相连的地方，铜炉中烟气萦绕，如沉沉雾霭为古寺蒙上一层轻纱。不远处的天王殿好像漂浮在云端，殿宇开阔，飞檐张开，犹如翅膀，堂上四大天王高坐，泥身彩塑，雕刻惟妙惟肖，庄严肃穆，正中的木阁里，韦陀菩萨栖身于须弥座上，目不斜视，正气凌然，护卫佛门宝地。

继续游览，穿过石桥后向东，过了洞券，可以看见石栏围绕的高台，台上是一处井口，而这井里的水来自古泉。与其相同，周围还有多处泉眼，水质清澈，因此形成的“井里井”“路途井”景观，诗意绵绵，原来的“上泉庵”一名就由此而来。

介于古寺幽静，美景迷人，自然有不少文人墨客前来光顾。青云寺名人云集，王教、张至发、张中发、毕自严、唐梦赉、毕际有、蒲松龄等皆为常客，寺中至今还保留他们的大量石刻作品，其中明代张中发的《青云寺重修佛殿记》、王教的《青云寺重修山神庙记》和蒲松龄的《青云寺重修二殿记》尤为珍贵，书法石刻爱好者可以大饱眼福。

井口在高台上，被石栏围绕，井里的水来自古泉，汩汩涌动。

院落中亭廊相连，铜炉中烟气萦绕，如沉沉雾霭。

楼宇好像漂浮在云端，殿宇开阔，飞檐张开，犹如翅膀。

旅游小贴士

地理位置：山东省淄博市

最佳季节：四季皆宜

开放时间：08:00 ~ 17:00

旅游景点：井里井、槲树、楷树

静安寺 真言宗名刹

著名江南古庙静安寺位于上海市静安区，在我国的佛教流派中属于真言宗。尽管身处闹市，然而静安寺正如其名，安居于尘世浮华之上，静卧在霓虹灯火之中，守着一方乐土修身。

静安寺原名为重元寺、重云寺，始建于西晋建兴元年（313年），相传当时吴淞江上有两尊佛像浮出，信众以为真佛降世，于是将其迎进了重元寺。寺院之后又经过历代的几次更名，直到宋代，才开始定为静安寺。静安寺原来属于禅宗一派，近代以来逐渐变为真言宗，并且在1947年将“子孙丛林”更改为“十方选贤制丛林”，即主持方丈不再仅从寺内的师徒继承中得到，而是面向全国选拔。

曾经的沧桑，在风雨飘摇的岁月里积淀下来，慢慢变成了静安寺现在的气质，端庄、稳重、典雅、古朴。青色的石阶一层层上升到门前，拱形的门洞镶在墙壁中，外边围着对称的浮雕，细腻精美，铜兽嘴里含着门环，分列在两扇门上，仿佛守着一处方外的世界。走进寺中，主体建筑如山门殿、天王殿、大雄宝殿、三圣殿、方丈楼、念佛堂等慢慢铺开，整体上气势宏伟，蔚为壮观。在这里，上海市的热闹与繁华仿佛都被隔离在外一般，幽静的院落中古木苍翠，楼阁之间烟气缭绕。金碧辉煌的高塔耸入云

旅游小贴士

地理位置：上海市静安区

最佳季节：四季皆宜

开放时间：07:30 ~ 17:00

旅游景点：静安八景、赤乌碑、陈朝桧

灯柱造型典雅，带有古色古香的味道。

高塔金碧辉煌，耸入云霄，在阳光的照射下，更加耀眼。

霄，在阳光的照射下，更加耀眼，天王殿的屋顶鸱吻借着殿堂的气势显露威严，飞檐四角高挂着风铃，声音清脆。汉白玉的石栏，为红墙金瓦殿宇镶嵌上一抹洁白的银边，与背后的蓝天相称，越发的美观。

寺内八处名胜，各有千秋，三国东吴时期所立的“赤乌碑”，可惜在迁寺途中沉入了江水，引得元代诗人钱岳写下“悲凉断刻三江底，想象雄文六代前”来祭奠。相传南北朝时期所植“陈朝桧”已经毁掉了一棵，但是殿堂右侧的依旧生机勃勃，延续着古老的生命。“虾子潭”的无芒虾早已绝迹，可智俨大师吐虾的故事还在流传。此外还有南宋仲依所建讲经台，沸井浜中突沸的涌泉，诗僧寿宁所筑方丈室绿云洞，行人取道渡吴淞江的古渡口芦子渡，东晋遗存防御海寇的沪渎垒，每一处都有值得人流连忘返的地方。

离开静安寺，都市的夜色变得浓厚，匆忙的车辆急驶而过，回眸再看高墙里的寺院，依然还是那样波澜不惊。如果你路过上海，又恰巧走过这里，一定要进去看看。

屋顶正脊鸱吻气势威严，飞檐四角高挂着风铃，声音清脆。

报国寺 湖畔古寺

报国寺位于碧波荡漾的淀山湖畔，是上海青浦区的著名庙宇，周边的村民常常来这里拜佛，寺院香火常年不息。报国寺原址上是一座关帝庙，曾经供奉着关羽，直到 20 世纪 90 年代后期经修缮，才开始成为佛教圣地，然而寺中的古代建筑依旧保持着明代的原貌，使得寺庙的古朴之风犹存其间。

报国寺乃是上海玉佛寺的下属寺院，所以宗派与之共承一脉，寺名“报国”是玉佛寺主持所取，旨在勉励佛教徒忠心报国，后由赵朴初先生亲笔题字。如今走进报国寺，就能看到赵老的大字依然熠熠生辉。

淀山湖一顷碧波，湖上船帆如叶浮动，风卷潮生，拍打在堤岸上，溅起一串串的碎花，在那葱郁的树木中间，灰瓦飞甍，殿宇高阁，依稀可见，朱红色的大门紧锁，橙黄色的外墙围起了深深庭院，杳杳钟声从中传来，这就是报国寺了。走进寺中，庭院里的古木参天蔽日，树冠炸开，像一团绿色的蘑菇云，据说寺中有一株 1000 多年的银杏树，树高 36 米，几人合围才能抱拢，按时间推算，此树应植于五代年间，可见明朝建立在此的关帝庙也得称它作“前辈”。

旅游小贴士

地理位置：上海市青浦区

最佳季节：四季皆宜

开放时间：09:00 ~ 17:00

旅游景点：千年古银杏、佛祖金像、观音殿

释迦牟尼佛盘腿端坐在莲花台上，头戴金冠，身披金色袈裟。

放缓脚步，细细品味着江南温柔的风，徜徉在报国寺的石阶上，阳光暖暖，照得人总有些淡淡的睡意。穿过几道回廊，眼前地势开阔，院中香炉矗立，烟气缭绕在四周，层层的檐顶造型美观，与下面三足鼎立的底座连为一体，就像天上太上老君的炼丹炉。往后接着看，抬头仰望，两层殿宇巍巍高耸，下层一圈回廊环绕，廊柱林立，再向外汉白玉石栏杆环抱，犹如镶在罗裙下的花边，上层雕栏圆柱更是精致，4 只檐角微微向内勾回，屋顶前后两侧檐坡陡立，密密灰瓦像细波一样层层荡开，屋顶左右两边则露出黄色的墙壁，墙上彩绘引人注目，正脊两头鸱吻相望，中间各种浮雕纹饰映着蓝天，惟妙惟肖。

步入堂内，宽敞明亮，地上干干净净，一尘不染，头顶横梁上彩绘光艳夺目，斗拱层层相扣，下接红柱，四周堂壁上皆是绘画，画中人物栩栩如生，好像正在演绎一段佛教的历史故事。走到堂前，跪在蒲团上，点起一炷香，作揖叩拜，案上释迦牟尼佛盘腿端坐在莲花台上，头戴金冠，身披金色袈裟，双目微合，两耳垂肩，左手横放，右手虚拈，好像在听堂下来客的祷告声，两侧弟子静立等待法旨，前列宝瓶里荷花、水仙等争相开放，香气扑鼻，沁人心脾。

接着来到观音殿，菩萨一袭红袍，上绣千瓣莲花，站在高处，身边罗汉、童子一同守护，此外全是各色的彩塑，其中天上诛仙，地狱鬼差，人间百像都在，使人眼花缭乱。依着观音殿的门廊，俯瞰淀山湖，猛然会觉得真有几分南海观潮的意思，不禁为这匠心独具的安排惊叹不已。

隔水远眺，葱郁的树木中间，灰瓦飞甍，殿宇高阁，依稀可见，朱红色的大门紧锁。

龙华寺 江南古刹

提到江南名刹古寺，没有人会忘记这个响亮的名字——龙华寺，这座寺庙已经在繁华的上海伫立了几百年的岁月，汩汩东流的长江水洗尽了多少尘埃，也抹不去它的故事。龙华寺的历史可以追溯到宋代，对佛教寺院略有了解的人一看到伽蓝七堂制，基本上也能猜到它是宋朝古寺。

关于龙华寺的起源还有一个美丽传说，话说三国时，西域康居国丞相的儿子会来此修佛，广泽龙王对他不悦，想赶走他，然而却被会感化，奉出龙宫助其修行，会于是将其龙宫改为了龙华寺。故事不一定是真实的，但足以看出龙华寺的文化源远流长。若据此推断，宋代大兴土木，应该只是这座龙华寺的一次重修而已。

匾上金字隶书“龙华”，两字之间金印“钦赐神堂龙华讲寺之宝印”。

三圣指的是阿弥陀佛、观世音菩萨、大势至菩萨。

大雄宝殿里供奉着毗卢遮那佛、文殊菩萨和普贤菩萨等群佛。

现在的龙华寺尽管没有传说里的富丽堂皇，但是古朴典雅的气息还在，沿着中轴线望去，一路上弥勒殿、天王殿、三圣殿、观音殿等高高耸立，蔚为壮观。来到山门前，古楼牌坊五间，内镶朱红色大门，门上铜兽衔环，正中间的匾额宽大，金边上雕刻游龙，与石坊上的麒麟相互照应，共显祥瑞，匾上金字隶书“龙华”金光灿灿，两字之间金印“钦赐神堂龙华讲寺之宝印”展露皇家富态，其他横匾如“江南古刹”“人间兜率”等也均能看出龙华寺的显赫地位。

寺院中幽静闲适，弥勒殿首先进入人们的视野，钟楼在左，时常传来青龙铜钟的余声，久久不绝，楼上地藏王居中，道明和闵公侍奉左右。鼓楼在右，原主广泽龙王，后关羽入驻，紧随关平和周仓。踏进弥勒殿中，弥勒佛憨态可掬，笑纳不平事，广播善慈悲，接引四海来客，身后西方教主阿弥陀佛手持金莲，指引众生去往极乐世界。

接着是天王殿，天冠弥勒坐在堂前，此为弥勒佛的法身像，面露微笑，亲近可人，两边镇守着四大天王，个个盛气凌人，后面韦陀护法执杵站立。刚出天王殿门，面前高大的重檐歇山顶下“大雄宝殿”4 个大字熠熠生辉，引人注目。殿堂中央是毗卢遮那佛，文殊菩萨和普贤菩萨静立身侧，四周二十天神、十八罗汉、观音携五十童子簇拥而至，群像栩栩如生，令人瞠目结舌。

此外三圣殿也值得一览，跨进殿中，只见殿宇内金碧辉煌，雕梁画栋，高台上阿弥陀佛、观世音菩萨、大势至菩萨三圣端坐，威严肃穆。三圣殿往西是观音堂，千手观音最吸引游人的目光，千手散开如花瓣，雕刻精美，令人叹为观止，还有菩萨三十二化身像也非同一般，最后即是天神、人和鬼三界。五百罗汉堂紧挨着观音堂，堂上菩提树下释迦牟尼佛讲经，摩羯迦叶与 7 位师弟，同天冠弥勒及 7 位弟子认真受教，五百罗汉位于低层，保护佛门重地，关羽和韦陀也皆在阵内，妙趣丛生。

鎏金的毗卢遮那佛、万历的金印、乾隆的《龙藏》并称龙华三宝，安置在方丈楼和藏经楼内，备受瞩目；百年牡丹园，年年牡丹花开时，游人如织；塔影苑里的爬山虎依然翠绿，藤蔓在夕阳下色彩斑斓，生机勃勃。

旅游小贴士

地理位置：上海市徐汇区

最佳季节：四季皆宜

开放时间：07:10 ~ 16:30

旅游景点：弥勒殿、天王殿、大雄宝殿、三圣殿

灵谷寺 东南名刹

“山门才人便悠然，十里深松上绿天。佛刹起诽皆垒障，僧寮汲水尽飞泉。”

顾起元的这首旧诗里所说的佛刹坐落在现在的南京紫金山，与中山陵毗邻，尽管这里早已经成为以国民革命军阵亡将士公墓为主的公园，但是无量殿、松风阁、灵谷塔、宝公塔与三绝碑等古建筑依稀保留着过去的记忆，所以人们还是称其为灵谷寺。

灵谷寺原名为开善寺，据说始建于南朝，当时梁武帝为了纪念宝志禅师修筑精舍，之后经历了多次易名，直到明朝初年，才享有了御赐的“灵谷禅寺”，而且朱元璋还将其封为“天下第一禅林”。相传灵谷寺鼎盛时期，规模宏大，在金陵四十八景之中占有一席之地，可见一斑。当时人们进入山门之后，前行 2500 多米才能看到寺院的建筑，林木茂盛的景色可想而知，再加上楼阁宫阙林立，更是美不胜收，然而这一切还是没能逃过朝代更替的战火。

灵谷塔耸入云端，塔高 66 米，原先为了纪念阵亡将士，也曾唤作“阵亡将士纪念塔”。

大雄宝殿内有座檀香宝塔，塔分 7 级，六面朝外，飞檐峭立，塔中安放着玄奘法师的部分顶骨。

金陵桂花王树枝叶繁茂，堪称金陵之最。

如今来到灵谷公园，古老的痕迹依然十分的清晰。走到门前，3 道拱门敞开，中间门额题字“灵谷胜境”，左右为“松声”“泉涛”，字迹清秀，正应此景，顶上铺满密密的琉璃瓦，两边红墙向远处延伸，南边波光粼粼的放生池又名万工池，乃是几百年前的遗物。来到寺院内，首先看见的是无量殿，歇山式的屋顶下大殿高高耸立，南北共有 6 个拱门，四面墙壁上窗户敞亮，因为这座大殿的建筑材料均为砖石，并无梁椽，因此也被称作“无梁殿”，殿中原先供奉着无量佛，后作为祭奠国民革命阵亡将士的祭堂得以保存下来，至今已有 600 多年的历史了，的确无愧为明朝遗留下来的最早最大的无梁殿。阵亡将士公墓位于无梁殿后，其中 1029 名阵亡将士牺牲于北伐战争，这让幽静的林木风景中又多了几分凝重。紧走几步，踏上台阶，迎面就是松风阁，阁分两层，上面中空式，楼顶绿瓦密铺，下面朱红色的廊柱围绕一周，八面玲珑。

往东行进，“灵谷寺”此刻才露出尊容，绕过照壁，沿着爬满墙壁的绿藤漫步，古松下面赑屃驼碑，碑身篆刻“灵谷深松”四字，风韵浓郁，跨过小桥，紧接着流觞厅，再往前可见松柏环绕的“邓演达烈士之墓”，一路走来，移步易景，使人流连忘返。举目远望，灵谷塔耸入云端，塔高 66 米，分作 9 层，八面来风，故而又称九层塔，原先为了纪念阵亡将士，也曾唤作“阵亡将士纪念塔”。

除此之外，灵谷寺的大雄宝殿也相当有名，来到大殿正厅内，环视四周，便知这里就是玄奘法师的纪念堂，其中最引人注目的是那座檀香宝塔，塔分 7 级，六面朝外，飞檐峭立，十分美观，塔内盛放着玄奘法师的部分顶骨，极为珍贵。还有三绝碑也值得一看，何为三绝呢？据说张僧繇曾为建立灵谷寺的宝志法师绘制了一幅画像，到唐朝时，吴道子重画，李白赋诗，颜真卿书写，3 件作品集于一碑，故名“三绝碑”。“翠壁如屏旱不枯，一泓甘滑饮醍醐。高僧到此闻丝竹，还有金鳞对踽无”的功德泉水更不能不去……

旅游小贴士

地理位置：江苏省南京市

最佳季节：3 ~ 5 月和 9 ~ 11 月

开放时间：08:00 ~ 17:30

旅游景点：纪念牌坊、灵谷深松、无梁殿

静海寺 金陵律寺之冠

作为明朝十大律寺之一的静海寺，坐落在南京狮子山西南，现在已经归属于阅江楼景区。静海寺的建立时间一直存在疑问，常有两种说法，一为明成祖朱棣表彰郑和第三次下西洋弘扬国威有功，建寺供奉其带回的罗汉画像、佛牙舍利等物品，于是静海寺诞生了；另一种则认为，当时在位的是明仁宗，而郑和并未出海，只是留守南京，他就住在这座“静海寺”里。

古戏台颇有历史色彩，成为古寺变迁的见证。

静海寺的“身世”至今还是一个谜，但那些经历的艰苦岁月却深深印在寺院的每一寸土地上。没有人会忘记，我国近代史上的第一个不平等条约《南京条约》的议案就是在静海寺中签署的，从此以后西方列强便开始瓜分中国的狂潮，所以在这里铭刻着中华民族永远无法抹去的耻辱。

来到南京静海寺，灰白色的石坊高耸在山门之外，4 座石台上，方柱直刺向蓝天，方柱之间夹着 3 座低檐瓦顶，中间偏高，两边的沿中轴线对称，显得古朴美观。跨进寺院，不禁让人想起了当年的繁华。明清之际的静海寺可谓是名噪一时，更有“金陵律寺之冠”“金陵八大寺之最”等赞誉，就连明朝名医李时珍的《百草纲目》中都有静海寺的记录。那时殿阁纵横南北，与远处的苍山比肩而立，香烟如云，人潮涌动。大雄宝殿一柱擎天，天王殿、正佛殿、伽蓝殿、轮藏殿等环列四方，雕梁画栋，斗拱飞甍，美不胜收。如今大雄宝殿重修，观音阁还在，只是面对着暗暗苍山，显得格外冷清，双层的楼阁迎风站立，门窗上的红漆经风吹日晒褪色不少，屋顶的琉璃瓦也失去了旧日的光芒。来来往

大雄宝殿位于中心，天王殿、正佛殿、伽蓝殿、轮藏殿等环列四方。

往的人却一次次在这里重新回忆，关于物是人非，也关于兴衰荣辱。不过，这里会很快被新的油漆盖住，寺庙将又一次焕发出昔日的荣光。

穿过厅堂，走到南京条约史料陈列馆，可以听见那低沉的“警世钟”声响起，像是那些反抗帝国主义入侵的将士们的怒吼，拍打在每一颗爱国者的胸膛。这座展馆占地 2000 多平方米，分成 4 个展区，由 3 个主题组成，依次为“硝烟北移，寇入长江”“媾和议约，丧权辱国”和“沧桑百年，毋忘国耻”。走进展厅内，历史书上那些熟悉的旧照片在此一一重现，百年之前的动荡时局又仿佛浮现眼前。

回到寺院中，眼前丛生的树木不知是否经历过那段沧桑的岁月，但那耸立的殿阁依然记录着历史。不远处的戏台还在，这里不仅上演过才子佳人的风花雪月，也演绎过浴血奋战的英雄们可歌可泣的故事，回望静海寺，不禁让人感慨万千。

旅游小贴士

地理位置： 江苏省南京市

最佳季节： 四季皆宜

开放时间： 08:30 ~ 17:00

旅游景点： 潮音阁、钟楼、井亭、华严楼

石坊灰白色，高耸在山门之外，四座石台上，方柱直刺向蓝天。

鸡鸣寺 南朝第一寺

鸡鸣寺坐落在南京鸡笼山东边，通常也称作古鸡鸣寺，其历史源起于西晋，素有“南朝第一寺”“南朝四百八十寺”之首寺等美誉。鸡鸣晚钟和鸡鸣春晓皆为金陵佳景，风光秀丽，景色宜人。

鸡鸣寺由来已久，寺庙原址曾是三国东吴的后苑，经过两晋的发展逐步形成规模，取名为同泰寺。据说南朝梁武帝常到寺中听经，甚至四次入庙当和尚，一度被称为“皇帝菩萨”，在朝廷的支持下，鸡鸣寺楼宇高耸，香火如云，名噪一时，禅宗达摩祖师从天竺来到我国传法就曾在此居住。此后寺庙饱受天灾人祸，又多次更名，几度凋敝，直到明清又重修庙宇，才挽回了昔日的风采，康熙南巡至此，亲笔题字“古鸡鸣寺”，更为这座将要没

石狮子雕刻精美，气势逼人。

落的古刹添上新的辉煌。尽管如此，鸡鸣寺还是在清朝咸丰年间毁于兵祸，直到 1958 年重新修筑寺院，鸡鸣寺的新篇章从此开启。

每一个有名的寺院都不缺少神秘的传说，南京鸡鸣寺也不例外。据说很久以前，南京玄武湖畔的九华山上有一只大蜈蚣精，经常祸害周边的黎民百姓，玉皇大帝得知此事后龙颜大怒，立即派殿前金鸡下凡收服妖孽，经过殊死搏斗，蜈蚣精被咬死，而金鸡也中毒身亡，后人念此厚恩，便将寺庙称为了“鸡鸣寺”。

举目望去，鸡鸣寺建筑依山绵延，楼阁殿宇错落有致，淡淡山雾使寺庙更显幽深宁静。

带着美丽的故事，来到今天的鸡鸣寺。举目望去，鸡鸣寺建筑依山绵延，楼阁殿宇错落有致，淡淡山雾使寺庙更显幽深宁静。来到寺前，山门外的石狮子气势逼人，一排石阶升到牌坊前，双层檐底“古鸡鸣寺”4 个金字熠熠生辉。再看寺院里的灰瓦黄墙中高耸出半截塔身，这就是药师佛塔，塔高约 45 米，七级浮屠，八面玲珑，檐角飞翘，金刹一柱擎天，光芒四射，听说此塔已经是鸡鸣寺史上第五座大佛塔了。塔内每层中央拥有 4 个佛龛，龛内奉有金丝楠木药师佛像，全塔共计 24 尊像，均为明朝的遗物，珍贵无比。

药师佛塔约高 45 米，七级浮屠，八面玲珑。

进入院落深处，毗卢宝殿即大雄宝殿出现在眼前，此殿是 1994 年重修的殿宇，古迹早已不在。来到殿堂中，三世佛之一的毗卢佛位于高台正中，文殊和普贤两位菩萨侍奉在左右，二十四诸天环列四周，蔚为壮观。鸡鸣寺的观音殿与我们往常看到的有所不同，殿中的观音菩萨回身望北，让人惊奇，两侧的楹联“问大士为何倒坐，叹众生不肯回头”似乎蕴藏着某种禅理。

毗卢宝殿即大雄宝殿，原殿已毁，此为 1994 年重修的殿宇。

继续向前，便能看见寺中最高处的豁蒙楼，据说此楼为张之洞主持建立的，楼名“豁蒙”取自杜甫“忧来豁蒙蔽”一诗，并题词“胜地何常经浩劫，斯楼不朽奈名传”来纪念戊戌六君子，后来梁启超来此也附上了“江山重叠争供眼，风雨纵横乱入楼”这两句，使得古楼文化气息更加的浓厚。现在豁蒙楼已改为了百味斋，但是文人的墨迹依然留存，实属万幸。

旅游小贴士

地理位置： 江苏省南京市

最佳季节： 四季皆宜

开放时间： 07:00 ~ 17:00

旅游景点： 大雄宝殿、观音楼、韦驮殿、志公墓、藏经楼

金山寺 禅宗四大名寺之首

镇江市西北的金山寺，初名泽心寺或龙游寺，始建于东晋，距今已有 1600 多年的历史。其为我国汉传佛教禅宗四大名寺之首刹，原是长江中的一个岛屿，有“江心一朵美芙蓉”之美称。亭台楼阁皆依山而建，加之慈寿塔屹立于金山之巅，从江中远望，寺庙隐匿在山里，故又有“金山寺裹山，见寺、见塔、不见山”的奇观。后由于长江流向变动及泥沙淤积，清同治年间，其开始与南岸陆地相接，由水中小岛，变为陆上胜境。

还未进山门，便能看到“江天禅寺”的牌匾，这是康熙爷当年游览此地留下的墨宝。其山门不似一般的寺院坐北朝南，而是寺门向西。这是由于其原立于江心，长江自西向东流，而寺门向西，站在门口便可体会到“大江东去，群山西来”的壮阔。

三世佛释迦牟尼、药师佛和阿弥陀佛盘腿正坐，神情平和。

走近山门，紧接着天王殿，天王殿中供奉的是弥勒佛，背后是护法韦驮，两侧是四大天王。天王殿大门两侧的“东晋故刹”几个大字，向我们讲述着它久远的历史。走出天王殿，便进入了“大雄宝殿”，出大殿，从后侧登山，便进入了“夕照阁”，阁内尚存乾隆南巡时的 7 块御碑。

来到观音阁，便见到四件镇山之宝：第一件是“周朝遂启棋大鼎”，2700 多年前，周宣王为奖赏北伐统帅遂启棋而铸造；第二件是“东汉铜鼓”，相传为诸葛亮所创制，正面可作战鼓，反面能做炊具，民间称之为“诸葛鼓”；第三件是“东坡玉带”，相传是宋朝苏东坡与佛印和尚打赌输后捐给金山寺的，带上缀系着长方形、圆形、心形等形状不同的白色玉片。玉带虽历经 900 多年，仍然光洁如鉴；第四件是《金山图》，出自“明四家”之一的文徵明，画中汩汩江流绕山，美不胜收。

妙高台又名晒经台，“妙高”即是“须弥”。话说当年苏东坡曾在妙高台上赏月，何等诗意绵绵。而南宋女将梁红玉更是擂鼓金山退走金兵，巾帼不让须眉。回首往事，英雄人物早已埋骨黄土，然而古寺中的故事却依然传颂不绝。

妙高台南边，走到山腰上的楞枷台，抬头望北，一排台阶层层升高，金山顶峰的留云亭就在不远处了。那里是金山视野最为开阔的地方。相传康熙当年陪皇太后游览金山时，来到这里，看到此等景色，不禁赞叹：“这里可谓江天一览。”

最引人注目的该是立于未见山之巅的慈寿塔。沿着塔内木梯盘旋而上，每一面的风景都各不相同，各有千秋。站在塔上眺望，金山的风光尽收眼底。从慈寿塔出发往北走，不多时分就到了法海洞。在法海洞北的玉带桥畔有一个白龙洞，洞内有白娘子和小青的汉白玉雕像。这里就是后来家喻户晓的白蛇传中的“水漫金山”。

金山青色的山峦峰岭魅力无限，来来往往的迁客骚人，不知留下了多少风花雪月的往事。有人说“到了镇江不去金山，等于没到过镇江”，足可见金山寺的魅力。

天王殿大门两侧的“东晋故刹”四个大字，笔力苍劲，气势雄浑。

大雄宝殿重檐张开，檐下面阔三间，巍巍矗立，气势雄伟。

佛堂内圆柱挺立，红色的蒲团依次排开，供来客上香跪拜。

旅游小贴士

地理位置： 江苏省镇江市

最佳季节： 四季皆宜

开放时间： 06:00 ~ 18:00

旅游景点： 大雄宝殿、天王殿、藏经楼、念佛堂、方丈堂

保圣寺 千年古刹

两重山门外，宁静闲适，一对石狮翘首对望，颇有意思。

作为江南的千年古刹，保圣寺位于小桥流水的古镇角直，所以说起保圣寺，就必须和角直镇连在一起。角直古镇自古以来就是江南水乡中的典范，而保圣寺更为这宁静田园增加了深沉与隽永。从梁代天监年间始建到今日，保圣寺大约已经有1500多年的历史了，回顾岁月，总不禁令人感慨物是人非，逝者如斯。

走进角直，临河的商铺门前一条长长的走廊沿河岸伸展，廊柱上一排排红艳艳的大灯笼高高挂起，下面是供人歇脚的坐处，依着栏杆，听流水潺潺，一下子神清气爽起来。踏着长满了青苔的古桥，绕过几条石巷，保圣寺就出现在眼前了。跨过两重山门，走进寺院，江南小庭院的那种婉转曲折尽可领略，院中低矮的回廊掩在柳树荫里，隐隐约约看不真切，略有几分神秘。抬眼远望，单檐歇山式的屋顶下“天王殿”三字光芒四射，昂嘴斗拱精巧地与梁、柱搭配，呈现出我国古代建筑最优美的建筑结构组合。此殿原建于宋朝，后来不幸被毁，到了明代又得以重建。现在殿堂内陈列着许多历朝历代遗留下来的文物，可供游人参观，此外殿内的柱础上，北宋时期的“压地隐出神童牡丹花”浮雕常常引人注目，那古朴精美的外观，精湛高超的雕刻技艺，无不使人为之赞叹。据说这座大殿里原来供奉的四大金刚已经在战争中损毁了，实在可惜。

路过庭院，最好放慢你的脚步，因为在此藏有两件宝贝，行色匆匆的人常常会错过。这两件宝贝其中之一正是青石经幢，据说保圣寺中的石幢建立于唐代，历经千年岁月，尽管“陀罗尼经咒”部分文字早已模糊，但是它依然屹立不倒，成为历史的见证。另一件则是口铁钟，此钟铸造于明清两代交替之时，钟身上刻有“风调雨顺”“五谷丰登”等诸多铭文，包含了许多祈福的词句，所以民间才留下了“闻钟声，烦恼清，智慧长，菩提生”这样的谚语。

再往北走，两株古柏站立的地方便是新建的古物馆，原来这里就是保圣寺的核心建筑大雄宝殿的所在地。虽然大雄宝殿已经不复存在了，但是殿中杨惠之的雕塑作品却奇迹般的保存了下来，

旅游小贴士

地理位置：江苏省苏州市

最佳季节：四季皆宜

开放时间：08:00 ~ 17:00

旅游景点：清风亭、古物馆

雕塑作品皆为举世稀有的文物，不仅是研究“杨惠之”雕塑艺术，更是研究唐朝雕塑艺术的珍贵资料。

艺术长廊内保存了大量历代名家的碑刻书法作品，可供游人品赏一番。

唐朝诗人陆龟蒙的坟墓就在保圣寺内。

因此我们也能一睹大师的杰作。杨惠之是唐朝开元年间的著名雕刻家，被后人尊称为“雕圣”，并与“画圣”吴道子齐名，而且他们两人曾经一起在张僧繇门下学习书法，可谓渊源颇深。据说杨惠之曾经塑的倡优人留杯亭彩塑像，摆在街市上，路人见到其背面就能够认出，可见他的雕刻技艺早已达到了炉火纯青的地步。杨惠之的雕刻作品最以罗汉像见长，在保圣寺古物馆内就保存着他的“罗汉像”。置身馆中，观赏那一尊尊的“罗汉像”，它们或盘腿端坐，闭目养神，僧袍袈裟上的褶皱都能清晰看到；或两人相对，口齿张开，好像正在交谈佛法等，千姿百态，各不相同，栩栩如生，生动传神。这些雕塑作品皆为举世稀有的文物，不仅是研究“杨惠之”雕塑艺术，更是研究唐朝雕塑艺术的珍贵资料。

沿着小池，走过池中央的清风亭，缓缓走在石阶上，苍翠欲滴的树林中，唐朝诗人陆龟蒙安眠墓中。提到陆龟蒙，使人不禁想起“甫里先生”《别离》中的两句，“所志在功名，离别何足叹”，足见他一腔的豪迈和满怀的壮志。如今的诗人长眠地下，有江南美景相依，又有保圣寺的佛音陪伴，也可谓是一大幸事。除了诗人，保圣寺自然也少不了书法家。沿着低墙绕进一处庭院，院中草色青青，廊下即是历代名家的书法碑刻，各种书体应有尽有。

等到夜色将近的时候，听着暮钟，走出古寺，水乡甪直的夜景才刚刚拉开帷幕。月挂梢头，流水潺潺，桥下划来了一叶小舟，渔灯的光幽幽晃动，又是别样风情。

清风亭立于池中央，四周树林苍翠欲滴。

寒山寺 千古名刹

寒山寺不只是一处烧香念佛的地方，只有真正身临其境以后，才会懂得寒山寺的幽深和玄妙。那首把名不见经传的张继带上了大唐诗坛的《枫桥夜泊》，写的就是寒山寺的景致。

“月落乌啼霜满天，江枫渔火对愁眠。姑苏城外寒山寺，夜半钟声到客船。”已近不惑之年的张继在大唐科举中落榜后，带着愁苦与无奈乘着小船漂泊在姑苏城外，正逢寒山寺的夜半钟声敲响。夜深人静，秋凉袭人，江边渔火明灭，几声乌鸦怪叫引起了他的愁绪，于是写就了这首流传千古的《枫桥夜泊》，寒山寺的诗名就此响彻千古。

寒山寺坐落在苏州市姑苏区，原名为“妙利普明塔院”，兴建于南朝萧梁代。此后 1600 多年里，寒山寺先后多次被毁坏、重建，但是作为我国十大名寺之一的地位却从未动摇过。

法堂前飞桥卧在碧绿的池水之上，草木青青，十分惬意。

钟楼位于藏经楼南侧，便是张继在《枫桥夜泊》中的“夜半钟声”之处。

踏上寒山寺，巨石之上的“合”“和”二字映入眼帘，耐人寻味，但是却没人知道二字立于此有何含义。走进寒山寺，大雄宝殿雄踞正中，两侧错落分布着藏经楼、钟楼、碑廊、枫江楼等建筑。寒山寺因多次毁坏，重建时没有形成中轴线样式，也没有追求左右均衡。寒山寺内后来修建的诸多建筑名称大多源于《枫桥夜泊》的诗句，如寺庙山门前面的石拱圈古桥是江村桥，还有枫江楼、霜钟楼等，可以说寒山寺与张继的《枫桥夜泊》连在一起。

大雄宝殿是寒山寺的正殿，匾额高悬。赵朴初先生曾亲笔题字，留下了这副楹联：“千余年佛土庄严，姑苏城外寒山寺；百八杵人心警悟，阎浮夜半海潮音。”殿内正中安坐的释迦牟尼佛金身佛像，眉目清秀；两侧供奉着明成化年间铸就的 18 尊精铁鎏金罗汉像。

寒拾殿在寒山寺内极具有风味，其就藏在藏经楼里面，妙趣横生。抬头望屋脊，《西游记》中的人物雕刻栩栩如生，使人眼花缭乱，目不暇接。殿中还有寒山、拾得二人的塑像，寒山拿着荷枝，拾得捧着净瓶，相互逗笑，生动活泼。此外殿内还有南宋书法家张即之的《金刚般若波罗蜜经》，苍劲古拙，透出英武刚烈之气。后面还有董其昌、毕懋康、林则徐、俞樾等人的题碑共11 石，精彩纷呈，各有千秋。

钟楼位于藏经楼南侧，也就是张继《枫桥夜泊》中的“夜半钟声”，只是现今寒山寺里的古钟已非张继诗中所提及的那口唐钟了，就连明代嘉靖年间补铸的大钟也已不知下落。现在我们看到的铜钟是仿唐式的，高达 8 米多，重 108000 千克，最大直径在 5 米以上，钟身铭文《大乘妙法莲华经》，堪称“天下第一佛钟”。据说每年除夕，寒山寺古钟都会敲响 108 声，雄浑的钟声飘荡在姑苏城中，迎接新一年的到来。这个习俗被东渡日本的拾得和尚带到其修建的拾得寺，寒山寺也成为日本家喻户晓的古刹名寺。

这座园林式的千年古刹，清净而洒脱，依靠着千年的枫桥，看着江上的乌篷船渐渐逝去，千年的古钟在夜晚来临的时候，又开始幽幽响起。

旅游小贴士

地理位置：江苏省苏州市

最佳季节：春季

开放时间：07:30 ~ 17:00

旅游景点：大雄宝殿、钟楼、诗碑、藏经楼、枫桥

佛殿内供奉的精美佛像。

在石刻长廊内雕刻有历代名人的诗句，尤其以张继的《枫桥夜泊》最为著名。

南禅寺 江南最胜丛林

南禅寺古塔：妙光塔 43.3 米高，在“无锡八景”中独占一席。

“南朝四百八十寺，多少楼台烟雨中。”而在这些距今1500多年的南朝四百八十寺之中，始建于梁武帝太清年间的南禅寺，号称“江南最胜丛林”。

南禅寺位于无锡南隅、古运河畔，规模宏大。相传南朝梁帝萧衍，崇尚佛教，在全国大兴寺庙，在无锡建立一座规模宏大的护国寺。唐高宗咸亨年间，将其改名为灵山寺，北宋仁宗皇帝又赐名“福圣禅院”，老百姓因其地处南门而称之为南禅寺。

南禅寺在建筑结构上具有我国唐代建筑的显著特点。从远处看去，许多曲折形斗拱层层叠加，层层伸出，出檐深远高大，气势磅礴。走入主殿，梁驾由立柱支撑，柱上安有雄健的斗拱承托屋檐。仔细观察，你会发现大殿内没有立柱，梁架结构简练，举折平缓。

南禅寺最为出名的是气势不凡的妙光塔，关于妙光塔历史上有许多奇闻异说，最神奇的是相传塔内发出过五颜六色直冲云霄的妙光，妙光塔也因此而得名，近代经科学论证，那些美丽的妙光是雷电所致。妙光塔位于寺东侧，始建于北宋雍熙年间，距今已逾千年。古塔为一座七级八面阁楼式内木外砖结构，高43.3米，塔基为青石须弥座，檐角悬挂铜质铎铃，有“十里传闻金铎响，半天飞下玉龙来”之美誉，是无锡八景之一。晴日黑塔之影可以落到数里外的一座桥下，故此桥名为“塔影桥”。妙光塔历经元、明、清多次劫难，现存建筑是明正统年间所建，此后经过多次修复，直到1993年，妙光塔重新对外开放。

南禅寺内除妙光塔外还有香火鼎盛的天王殿、庄严肃穆的五戒堂、池水清澈照人的放生池。庄严的大雄宝殿中，形体雄伟的如来，仪表安详庄重，微具笑颜，口欲启齿而又止，状若演法且未尽。面相各异的诸佛罗汉，有着丰满的形体，专注的眼神，流畅的衣纹，可见匠人之巧，绝非一般。

从20世纪80年代始，南禅寺以寺兴市，建成了12万多平方米的综合文化市场——南禅寺文化商城。商城内建筑南北风格迥异，北部为仿明清风格建筑群，南部为仿宋风格古建筑。围绕寺庙四周，设有邮票、钱币、花鸟、古玩市场，配以小吃、茶馆等设施，涵盖有吃、住、行、游、购、娱等各个方面，十分热闹。白天人们可在商城内遛鸟、赏花、淘物；夜晚，当寺、塔上的灯都亮起来时，运河沿岸也热闹起来了。总之，南禅寺已成为人们游玩、购物的好去处。其中商城中的妙光街已被无锡市政府命名为无锡市旅游街。

旅游小贴士

地理位置： 浙江省无锡市

最佳季节： 四季皆宜

开放时间： 09:00 ~ 17:00

旅游景点： 大佛殿、妙光塔

牌坊在夜色中泛着各色的光。

南禅寺沉入一片寂静之中，江水依旧汩汩涌动，两岸灯红酒绿。

灵隐寺 江南名刹

灵隐寺曾居住过道济和尚，他似癫非癫，一件破袈裟，一把破扇，酒肉无忌，云游四海，在滚滚红尘中修炼自身。

“鞋儿破帽儿破，身上的袈裟破。你笑我他笑我，一把扇儿破。南无阿弥陀佛……”，很多人几乎都会哼唱这首歌，想必更不会忘记道济和尚吧！杭州灵隐寺就是这位神僧的修行之地，尽管他总是云游四海，经常神龙见首不见尾，但是来灵隐寺的民众却从来都未曾少过，可谓受四方朝拜，香火绵绵。

相传灵隐寺始建于东晋咸和年间，坐落在著名的西湖西侧，背向北高峰，面临飞来峰。在灵隐寺近 1700 年的历史上经过多次修缮扩建，规模宏大，香火旺盛，位居东南寺庙之首。

踏上灵隐寺大雄宝殿的石阶，环望寺庙，都是来自四面八方的香客，虽然有一丝喧闹却也感觉到一种肃穆，一种无与伦比的庄严。大雄宝殿是灵隐寺的主殿，一座高达 33.6 米的雄伟单层三叠建筑物。在殿内中央，释迦牟尼佛像端坐，金光闪烁，造像“妙相庄严”，仿佛在听经，备受四方敬仰，这是我国最高大的香樟木坐式佛像之一，是一件宗教艺术真品。

大雄宝殿前有一座月台，两侧各有一座石塔，分成 9 层，八角向外，塔高 7 米多，通身雕刻精美，叹为观止。据考证，两座石塔雕造于吴越末年，是灵隐寺里十分珍贵的佛教文物。在大雄宝殿的后面生长着一棵 40 多米高的古柏。挺直的树干，参天的树冠还有那裂开的树皮无不在诉说着这个 1000 多年的古柏所经历的风霜雨雪。疏枝上偶尔吐出一排或几枚嫩芽，显示着这棵古老松柏的苍劲风骨和顽强生命力。

新建的灵隐铜殿坐落在五百罗汉堂内，高达 12 米，堪称“中华第一高”铜殿。铜殿采用传统的单层重檐歇山顶建筑结构，飞

旅游小贴士

地理位置：浙江省杭州市

最佳季节：3 ~ 5 月和 9 ~ 1 月

开放时间：07:00 ~ 18:15（佛诞节日、朔望、国定节假日早上提前 30 分钟开门）

旅游景点：大雄宝殿、天王殿、五百罗汉堂、药师殿、道济禅师殿、飞来峰

大雄宝殿是灵隐寺的主殿，内部佛像是我国最高大的香樟木坐式佛像之一。

檐角上的风铃样式古朴美观，与瓦顶、斗拱达到色彩的和谐。

檐雕瓦，精雕细刻，诸形工美。在正面，雕有我国四大佛山的自然景观，或山色清幽，或大江奔流。

灵隐寺与道济和尚是分不开的，说起他的法号，鲜为人知，但如果知道他就是济公，可能就没人不知道了。这位似癫非癫的得道高僧以其一件破袈裟，一把破扇，酒肉无忌，云游四海，在滚滚红尘中修炼自身。

与灵隐寺毗邻的飞来峰又名灵鹫峰，在印度佛经里有过记载，这座灵鹫峰便是佛祖晚年和徒弟讲经修行的圣地。飞来峰山石奇特，钟灵毓秀，临溪的峭壁上精雕五代、宋元时期的石刻佛像 500 多尊，汇集汉传佛教与藏传佛教精髓。470 多尊造像，至今保存比较完整的还有 300 多尊，尊尊都是真品，世间罕有，要说其中最受人关注的，那便是南宋的弥勒佛像了，这座国内最早的大肚弥勒造像，通过巧夺天工的石刻技艺，将嬉笑自若的神情在一方摩崖上表现得淋漓尽致。

精致华美的佛祖坐像，是灵隐寺的标志。

普陀山寺庙群 人间清净地

普陀山位于浙江省舟山岛一侧，与之隔海对望的是著名的沈家门渔港。这里四面环海，千帆竞发，白浪细沙围绕着岛的四周，青峰翠峦间分布的许多古刹精舍，为这旖旎之景增添了些许古朴静谧。山与水的结合使这座海山充分显示了大自然的美丽，而古寺梵音又使这里充满了神秘的佛国色彩，不愧是“第一人间清净地”。

旅游小贴士

地理位置：浙江省舟山市

最佳季节：四季皆宜

开放时间：全天开放

旅游景点：慧济寺、法雨寺、普济禅寺

作为观音菩萨教化众生的道场，普陀山的佛教历史可以追溯到唐代。唐大中年间，曾有梵僧于潮音洞中目睹观世音菩萨示现，后到咸通年间，佛僧慧锷从五台山请观音像的归途中在普陀山受阻，于是便在潮音洞登岸，把观音像留在当地民宅中，此民宅便被称为“不肯去观音院”。至绍兴元年（1131 年），经当时朝廷准许，普陀山正式成为专供观音菩萨的道场，与五台山、峨眉山、九华山合称为我国四大佛教名山，因临近环境优美的海岸，便有了“海天佛国”“南海圣境”的赞誉。

普陀山寺庙众多，犹如一座佛国，其中慧济寺、法雨寺、普济禅寺等远近驰名。慧济寺又称“菩萨顶”，其位于普陀山的最高处。寺院周围古木参天，林中鸟语花香，幽深宁静。慧济寺修建于明朝，后来经过清朝的不断扩建，颇具规模。现在的慧济寺依靠山势，占地 1200 多平方米，寺中天王殿、大雄宝殿、大悲殿、藏经楼、玉皇殿、方丈室等建筑蔚为壮观。大雄宝殿作为慧济寺的核心，气势非凡，每当阳光照射到大殿顶上时，就会出现“佛光普照”的景象。殿内供奉着释迦牟尼等佛像，形成了“二十诸天”的格局，此外明朝遗留的 3 枚铜质御印也是重要的文物。法雨寺殿阁众多，接近 300 间，宏伟壮观。这座寺庙沿着山势分成了 6 层，层层递升，观音殿、御碑殿、大雄宝殿、藏经楼等建筑构成主体，使得布局整齐有序。寺中观音殿相当出名，其又被称作九龙殿，因殿顶内部九龙藻井而得名。殿内藻井上九龙雕刻技艺精湛，栩栩如生，9 条龙飞腾缠绕，呈现出一片祥瑞气象，加上琉璃的色彩，更加富丽堂皇，使人眼花缭乱。

普陀山紫竹寺香炉浮雕上金龙鳞甲灿灿，边上祥云翻动，精妙无比。

普济禅寺声名远播，是普陀山著名的寺院，而它的前身就是“不肯去观音院”。这座庙宇历史久远，按史料记载，可知普济禅寺始建于唐朝，后来经过历代发展，规模不断壮大，宋代以后，寺中专门供奉观音菩萨，成为普陀山又一处观音道场……

普济寺完香亭坐落在水池中间，碧波里映着亭影。

千百年来，普陀山以其悠久深厚的佛教文化吸引了无数的文人墨客，面对如此仙境，他们纷纷作诗歌颂，为这浓郁的佛教气息增添了些许典雅之气。例如这首“惊起东华尘土梦，沧州到处即为家。山人自种三珠树，天使长乘八月槎。梅福留丹赤如桔，安期送枣大于瓜。金仙对面无言说，春满幽岩小白花”，充分写出了普陀山佛教文化与自然景观的融合，不禁令人想到《西游记》中那个神圣而神秘的南海观音，福泽四方，普度众生。

龙兴寺 明朝皇家梵刹

安徽的龙兴寺位于凤阳城郊外的凤凰山下，据说曾是明朝的皇家寺院，兴建于洪武年间，算来大约已经 600 多年的历史了。作为著名的古刹，龙兴寺历经荣辱，两度被毁，3 次重建，就像修成正果的和尚，变得更加深邃安定。自慧庆法师最后一次建立龙兴寺至今，庙宇已经有了翻天覆地的变化，沿山门到念佛堂中轴线上，分布着大雄宝殿、天王殿、大悲亭、太祖殿、地藏殿、念佛堂、藏经楼等建筑，其他禅房经院点缀深院之中，布局整齐，结构紧凑，蔚为壮观。

据说明太祖朱元璋小时候曾在凤阳城南的皇觉寺出家，等到他建立明朝政权后，本打算复修皇觉寺，然而其寺庙原址处建了皇陵，所以另择宝地修庙，因此才有了后来的“大龙兴寺”。据古代文献记载，当时的龙兴寺规模达到了 7 万多平方米，寺院中建筑宏伟高大，气势雄浑，曾博得“梵刹西连万岁山”“梵王宫殿屹浮寰”等赞誉。

朱元璋像位于宝座之上，面目安详，龙袍上纹路清晰。

宝塔巍巍耸立，层层楼阁飞檐配着栏杆，显得更迷人。

走进龙兴寺幽深的院落中，古树上的斑驳痕迹就像历史的脚印，这座百年飘零的古寺留给后人的记忆渐渐稀薄，殿前的老槐树枝叶繁茂，如同身形佝偻的长者，然而绿影盎然的景象又令观者感慨万千。轻抚着 4 口铜锅上的锈迹，不知是否还能感受到往日的余热。

环游寺中，沿着东西两侧的回廊，看着明清时期诗词名家的碑刻，感受岁月的流逝。明太祖朱元璋的画像、铜佛像、铭文铁罄，还有御书亭，亭内明太祖御笔题字“第一山”碑，不知是否还在。穿过密密的竹林，清秀的牌坊上，“龙兴古刹”“皆大欢喜”等字迹熠熠生辉，听说寺院中的文物陈列馆里盛放着明代铸打铜镬和铜鼓、铜钟等名器，也可以让游人大饱眼福。

走进天王殿，一眼就看见了席地而坐的四大天王塑像，据说龙兴寺的四大天王是最早采用坐姿的，为此还有一个十分有趣的故事。话说朱元璋年幼时得了一种怪病，四处求医无方，急得父母只好求佛保佑，后来朱元璋竟然痊愈了，为报佛恩，他才出家进了皇觉寺。有一天清扫天王殿时，看到高大的四大天王像有些犯难，于是便喊着让他们抬脚好扫地，结果神像还真坐了下来。这段民间传说妙趣横生，倒是为庙宇增添了几许神秘感。龙兴寺的大雄宝殿可堪为安徽殿阁之冠，殿高 21 米，远远望去，气势雄浑，令人叹为观止，殿堂内部金碧辉煌，而且明亮宽敞，值得细细欣赏。

“龙兴晚钟”一直是龙兴寺的绝妙景致，原先的古钟立于钟亭内，可惜亭子在动乱时期早已毁坏，现在古钟移入了鼓楼，此钟 2 米多高，近 4000 千克重，顶部盘卧龙之九子其一的蒲牢，雕刻精细，栩栩如生。每到夕阳西下，钟声阵阵，回荡在庭院与山岭之间，经久不绝……

旅游小贴士

地理位置： 安徽省凤阳县

最佳季节： 四季皆宜

开放时间： 07:30 ~ 18:30

旅游景点： 牌楼、大雄宝殿、六角亭、大井

九华山寺庙群 莲花佛国

秀美奇特的九华山，素有“东南第一山”的美誉，其位于安徽省池州，是地藏王菩萨的道场，与五台山、普陀山、峨眉山并称我国佛教四大名山，也是上古时期学仙修道的一处圣地，宗教文化共荣共存于巍然的山峦之间，蔚为壮观。

在九华山的99座山峰中，以台峰、天柱峰、十王峰、莲花峰、罗汉峰、独秀峰、芙蓉峰、五老峰、伏虎峰九峰最为雄伟壮美。山峰之间林立着数座古刹庙宇，缭绕的香烟，参天的古木，使这里愈发的幽静，充满灵秀之美，九华山也因此成为“莲花佛国”。初临九华山，广场上金佛矗立，手执禅杖站在莲花台上，青山衬景，越发显得高耸，佛像双眼微垂，仿佛在参悟禅机。远眺九华山，峰岚峭立挺拔，如花瓣般交叠镶嵌，远远望过去，如同含苞待放的莲花，山间弥漫着云雾，翻腾的云海浮浮沉沉，变幻莫测。

漫步在回廊中，抚摸着朱红的廊柱，远方的天色清朗，缥缈云烟，栏杆外群峰影影绰绰。

在天台峰西侧，拜经台寺的后面有一巨石伏贴在悬崖之上，故而名为“大鹏听经”。

九华山的中心九华街集中了众多的庙宇，其中的化城寺是这里历史悠久的一处寺庙。这座古寺始建于晋代，依山势而建，寺前有一圆形广场，中央是一个名为牙池的月牙形莲池。寺院中青青竹林丛丛如烟，山间云雾浮动在楼阁回廊中，宛如仙境一般，曲径通幽，禅房花木深深，使人流连忘返。据《妙法莲华经》记载，一位“导师”带人一同求取珍宝的路途中，众人因疲惫不堪而心生畏惧，不愿再走，于是这位“导师”便变化出供众人休息的城，于是此城便名为“化城”，化城寺也由此而来。

圆通寺坐落在莲花峰上，是九华山 99 座开放寺院之一。这座寺庙历史悠久，始建于明朝初年。传说当时朱元璋来此勘察地形，以备战时之需，然而当他来到九华山一看，便大吃一惊，只见陡峭的峰峦之间云气萦绕不散，犹如仙境一般，山上苍松翠柏覆盖，深秋之际，漫山红叶，美不胜收。于是便命人在此建寺，后来就发展成为现在的圆通寺了。圆通寺颇具规模，主要建筑有三圣殿、观音殿、玉佛殿、地藏殿、大雄宝殿等。其中玉佛殿是人们常去的地方，因为这里有一尊玉佛，由缅甸华侨捐赠，玉佛横卧，身长超过了 8 米，使人叹为观止。

白云禅林是九华山凤云山中的一处佛教圣地，此地风景秀丽，竹林如海，山风吹过的时候，竹浪层层翻涌，犹如涛声阵阵。因为这里被凤云山阻隔的缘故，云雾常常萦绕在寺院周围，形成了“白云深处有奇观”的美景。据说白云禅林在汉代时期是一座道观，名为“白云观”。后来唐朝时古新罗国高僧金乔觉圆寂，九华山感应强烈，于是其弟子便将金乔觉奉为地藏王菩萨的化身，进而把白云观改成了白云禅林，从此以后，开始传播佛法。

可以找寻九华山的任何一处寺院，坐下来跟寺中的方丈聊聊佛经与人生，相信你必定会有一番收获。放下生活中的一切烦恼，点燃一炷香，轻轻许愿，把自己的期许和祝福默念给佛祖，让自己回归独立的世界，听听心跳的声音，感悟生命中值得回味的从前和无法预知的明天，沉醉在悠扬的梵音之中。

旅游小贴士

地理位置： 安徽省池州市

最佳季节： 春秋季

开放时间： 08:00 ~ 17:30

旅游景点： 圆通寺、九华街、天台峰、十王峰、九华河

汉白玉的围栏徐徐铺开，铜炉和灯龛分布石阶两边，高台上的宝殿凌空展翅，檐角成钩状回翘。

寺庙金黄色的外墙在阳光下引人注目，屋顶上重檐层层叠起，云烟萦绕，一片宁静祥和。

金地藏寺 地藏王之庙

金地藏寺坐落在安徽省池州齐山脚下。在金地藏寺里，你将感觉到一种新的悠然闲适，忘却那些车水马龙的喧嚣生活，既像田园里的农夫那样安于平淡，又像山野中的隐士那样与世无争。

金地藏寺占地面积辽阔，殿宇布局错落有致，规模宏大，蔚为壮观。怀着满心的敬意，来到金地藏寺，迎面的山门殿巍巍高耸，屋顶飞檐向外张开，像起飞时鸟的翅膀，横额上的“金地藏寺”4 个金色大字告诉我们，这里就是此行的目的地了。跨过山门，慢慢走进寺院内部，萦绕在香炉前的云烟，给庭院蒙上了一层薄薄的轻纱，显得更加神秘，使人想继续深入探索。接着来到的是天王殿，殿阁东西两侧有钟鼓楼，3 座楼宇沿中间对称，天王殿高大，两座配殿略小，然而每一座都风格有别，寺院中的钟声就是从钟楼里传来的，声音沉沉悠远，经久不绝。

绕过了天王殿，后面是毗卢殿、寮房和厢房分列左右。接着矗立在眼前的则是地藏殿，它与以往的许多寺院布局不同，以此突出地藏菩萨的地位，正好符合九华山作为地藏菩萨道场的事实。殿内金碧辉煌，香案前宝瓶里各种鲜花清香扑鼻，地藏王菩萨位于高处，嘴角含笑，超然平和。

继续前进，来到大雄宝殿，才看清楚寺院中的布局建筑，正是前地藏，后观音，左普贤，右文殊，四大菩萨殿拱抱大雄宝殿，匠心独运，巧设天机，显示了金地藏寺这处宝地的神圣。面朝正殿望去，巍巍殿宇犹如天宫，气势恢宏，殿前香炉中云烟升腾，底座上宝鼎镂刻着“护国月身宝殿”，字字如金，熠熠生辉，殿中供奉着释迦牟尼佛，岿然不动，高大的雕像好像一座小山。

出了大殿，沿着 3 座菩萨殿走一圈，仿佛辗转之间走过了南海普陀、山西五台和四川峨眉，使人惊叹。最后来到观音殿后的藏经楼前，三层高阁屹立在方台之上，背依青山，门前 31 级石阶层层抬高。石阶中间，汉白玉石砌成的腾龙浮雕，白浪翻滚，云烟升腾，巨龙出没其间，见首不见尾。阶下更有一座宝炉，底座双耳三足鼎，上面九层低檐，六角檐梢上都有一条飞龙，顶端宛若塔刹，耸入云端。走上藏经楼，俯瞰四下，云烟浮动，穿梭在楼阁和林木之间，给这座古寺蒙上了一层轻纱，来来往往的行人瞬间都沉入了浮尘，只留下隐隐约约的寸许身影。

旅游小贴士

地理位置： 安徽省池州市

最佳季节： 四季皆宜

开放时间： 08:00 ~ 20:00

旅游景点： 山门殿、大雄宝殿

外墙呈黄色，光艳夺目，从山门向两边伸展，将寺院围起来。

山门殿巍巍高耸，屋顶飞檐向外张开，像起飞时鸟的翅膀。

云峰寺 云峰佛境

据说唐朝永徽年间，有一位古新罗国的太子金乔觉不远千里来到大华山修行，并在此处建立了云峰寺。后来金乔觉潜心求学，终成正果，所以被人供奉在了九华山。云峰寺历史悠久，明代时期最为鼎盛，一时僧众过千。

翻看史料，与云峰寺相关的一个名字最受人关注，此人便是清代乾隆年间鉴真大师的弟子祖幻法师。祖幻法师曾经来到云峰寺传播佛法，不仅普度众生，同时扩建寺院，使得云峰寺的规模又壮大了许多，不过终究抵不过乱世和岁月的侵蚀，破败的古寺渐渐没落，直到 20 多年前才在四方努力下重换新颜，对外开放。

地藏王菩萨面目清秀，一身金色，光艳照人。

现在来到云峰寺，匾额上“大华山云峰寺”的题字引人注目，这乃赵朴初先生亲笔所写，为山林古寺增加了一缕墨香。站在云峰寺前，山风阵阵，吹动那万顷绿波，竹叶沙沙。再看那株枫树，树身枯皮宛如金甲，寒霜风雨穿透不得，历史岁月也只是留下几点青苔。若等到秋深时分，一树红妆灿灿，像霞光万道，像烈火熊熊，勃勃生机，真不愧为“中华第一古枫”。据说此树曾在清末险遭太平军砍伐，然而板斧砍过之后，树身伤痕不消半晌便可自动愈合，更有阴风惊雷吓退士卒，所以当地人常称此为神树。

细听四野云雾深处，水声阵阵，这就是云峰寺的“老龙瀑布”。从山岭上的林木中，你可以发现这条神龙见首不见尾的瀑布，犹如一条玉带披挂在密密的松林古木中间。沿着瀑布一路下去，穿龙台，过龙谷，进龙窝，下龙洞，入龙潭天池，夹岸散花烂漫，落英缤纷，诗意绵绵，令人陶醉。

往北走就是金狮寨。当年南方的方腊起义时，麾下八大王就屯兵在此，后人为了纪念这位将军，曾在此修过一座大王寺，如今只剩下了遗址。但是寺中奇石酷似金狮望日，更有甚者传说此狮乃是天公助大禹治水时留在世间的镇水神兽，24 只中的两只就在六安山上，一只便是这望日金狮，另一只则在西边的地藏崖上。

穿过层层古松，站在嵩寮岩上，云峰寺中云烟深处，弥勒殿、天王殿、地藏王殿、大雄宝殿等建筑轮廓已经浮现出来了，非常壮观。

旅游小贴士

地理位置： 安徽省六安市

最佳季节： 四季皆宜

开放时间： 08:00 ~ 20:00

旅游景点： 古枫奇树、弥勒殿

弥勒殿重檐叠起，檐下红柱排开，气势宏伟。

殿内金像中，菩萨立在金鱼浮雕上，底下海潮翻卷，背后其他群像宛若星云。

白塔寺 皖北第一寺

白塔寺位于八公山景区，是安徽省淮南市著名的古刹，有关这座古寺的记载表明其应该建立于北宋时期，后来被毁只留下一处古迹。直到 1999 年，在各方的齐心协力之下，白塔寺才得以重建，如今颇具规模，占地近 6000 平方米，沿山势起伏绵延，蔚为壮观。

相传白塔寺乃是由北宋时期的一位高僧所建，此人本在洛阳白马寺修行，并多年苦心寻访地藏结庵遗址。正所谓皇天不负有心人，正是在这座八公山上他找到了古迹，便主持修建了白塔寺。

来到八公山景区，看见今日的白塔寺，你一定会惊叹不已。踏上青色的石阶，慢慢走到白塔寺山门，翠绿的古柏老松从坡下长到高处，扶着身侧石栏杆，那些树冠抬手就能够到，油亮的叶子仿佛泛着翡翠的幽光，让人迷醉。山门前，四根方柱的石坊高耸，顶端雕成圆形，上面祥云翻腾，呈现瑞相，石坊背后就是山门。黄灿灿的墙壁上，一道拱券门洞开，左右两侧刻有两扇圆窗，雕饰精美，好似两朵白花迎风绽开，抬头仰望，斗拱与飞檐在晴空红日之下，尤为漂亮，屋顶上琉璃瓦鳞次栉比，一对鸱吻嵌在正脊两端，中间各种纹饰明艳耀眼，使人目不暇接。

走进院落之中，才发现寺院布局并非传统的楼阁排列，而是一派园林风光，让人眼前一亮，真不愧为皖北第一寺。四周的群山合抱，使得寺院与尘世的浮华隔开，再加上古树的笼罩，庭院就越发的幽深宁静，漫步其中，仿佛天地之间就剩下了脚步的回响声。踏进回廊，墙壁上金砖雕成的五百罗汉图精美绝伦，罗汉姿态万千，栩栩如生。透过密密的树叶，看向蓝天，层层的殿阁屋檐线条流畅，雕刻细腻，古朴典雅。

不远处，围栏之后两座铜炉里香烟缭绕，前面的长条像槽，后面的高耸如塔，尽管都有锈色，但是依旧美观。登上台阶，重檐高阁盛气凌人，红头匾额上，“大雄宝殿”4 个金字光芒四射，檐下还有 5 块黄匾，依次排开，富丽堂皇，雍容华贵尽显无余。殿中佛祖及群像位于高处，来往游人可以看见千手观音的木雕，菩萨双手合十，矗立在莲台上，微合双目，头上更有千张尊容，环视八方，其他的部分皆是手臂，四散开来，宛若花瓣，每只手中都持有宝器，让人眼花缭乱。

站在正殿门前，俯瞰寺院景色，云烟浮动，白塔屹立在绿丛深处，圣洁无瑕，带着永恒与神秘的味道，引人入胜。

殿阁屋檐线条流畅，雕刻细腻，古朴典雅。

大雄宝殿檐下还有 5 块黄匾，依次排开，富丽堂皇，雍容华贵尽显无余。

石坊高耸，顶端雕成圆形，上面祥云翻腾，呈现瑞相。

旅游小贴士

地理位置： 安徽省淮南市

最佳季节： 四季皆宜

开放时间： 08:00 ~ 20:00

旅游景点： 山门、大雄宝殿

南普陀寺 佛家净土

一年四季，鸟语花香，厦门一直是游客旅行的好去处。许多人去厦门是为了看风景，也有人是为了礼佛，然而无论赏景，还是参禅，厦门思明区的南普陀寺都不能错过。听，晚风带着潮声，古钟杳杳，潮钟和鸣的余音穿街过巷，佛寺的高墙隔开了一处净地。

南普陀寺始建于唐末五代时期，最初名为泗洲院，历朝历代多次易名，几度荒废，已经残破不堪，直到清朝康熙年间，幸得靖海候施琅的捐资修复，为了与浙江观音道场普陀山区分，所以改其名为南普陀寺。后来，又经喝云派裔主持转逢和尚将寺院由子孙寺院改成十方丛林，开始实行丛林规制，并创办了闽南佛学院，才一时高僧云集，闻名海外。

现在走进南普陀寺，可见一派盛景，金碧辉煌的殿堂楼宇早已不是当年的断壁残垣，翻修的院舍昭示着鼎盛的开始，千年古刹中又响起了昔日的诵经声，生机勃勃的树木仿佛正遇春风，变得更加茁壮挺拔。南普陀寺北依山峦，南面大海，主轴线上的天王殿、大雄宝殿、大悲殿、藏经阁依次排开，沿着山势徐徐抬升，错落有致，两边的回廊依山游走，犹如苍龙腾跃一般，围拢在殿宇两侧，气势恢宏，令人叹为观止。

踏上登山的石阶，一步步走入古寺，穿过密林，抬头仰望之间，天王殿腾空而至，盛气凌人。殿内高台上弥勒佛正坐，笑容满面，将四海来客迎入堂中。四大天王静候左右，巍然肃穆，妖魔鬼怪不敢靠近，后堂韦陀菩萨岿然不动，不愧为护法神僧，掌握钢杵，迎风而立。

作为寺中核心建筑，大雄宝殿自然要气压群殿，其位于整个寺院的中心，规模和地位都是全寺之最。三世尊佛的塑像高大无比，气势逼人，四方的一切佛陀皆来臣服，潜心受教，西方三圣伫立殿后，静默肃穆。

离开大雄宝殿，来到大悲殿前，三重飞檐凌空展开，琉璃瓦密密铺排，檐下斗拱精巧，使人不得不感叹古人技艺的高超。拨开云烟，殿上高居的即是观音菩萨，全身共有 48 只手臂，身形多姿，十分优美。

接着抵达南普陀寺中轴顶端，藏经阁遥遥在望。藏经阁是歇山顶重檐式的建筑，分为两层，下面是法堂，供僧人讲经说法所用，上面为玉佛殿，供奉着 28 尊缅甸玉佛和大量珍贵文物，举世罕见。殿后大石上镂刻一个巨大的“佛”字，分明道出了南普陀寺佛家净土的真谛。

站在高处，俯身探看，寺院中郁郁葱葱之间，两座万寿塔双星并立，7 座白玉如来佛塔竞相争辉，钟鼓楼、功德楼、海会楼、普照楼、太虚图书馆、佛学院教室等点缀其中，使人目不暇接。天边的晚霞，洒满了南普陀寺的每一处角落。

南普陀寺中两座万寿塔，双星并立，7 座白玉如来佛塔，竞相争辉。

石雕略有破损，但依然细腻美观。

殿宇屋檐层层高升，檐角卷起的纹饰色彩鲜艳，造型优美。

旅游小贴士

地理位置： 福建省厦门市

最佳季节： 四季皆宜

开放时间： 08:00 ~ 20:00

主要景点： 天王殿、大雄宝殿、大悲殿、藏经阁

太姥山寺庙 山海中的名刹

“银台金阙夺照耀，四黑立见海日超”，这首古诗中的“银台”位于福鼎太姥山，是一处世间绝美的圣境，而在那云海深处，藏着高墙遮掩的古寺，松涛阵阵，暮钟沉沉，一派山海大观，佛国禅林。

太姥山自古以来就有“海上仙都”的美誉，更与武夷山并称“双绝”。一走进太姥山，人们就完全陷入了自然鬼斧神工的山水风光里，沉醉不知归路，温润的山风带着海上的咸味，拂过眼前的雾霭和流云，满山的松林掀起层层苍绿的细浪。从群仙会聚于此的古老传说，到亲眼看见这处人间仙境，太姥山的点点滴滴都开始在心头滋生，自然也包括那雾中的古刹。

太姥山的古寺自然少不了山的气韵，说到太姥山的寺院，白云寺可不能不提。跨过林荫下的石坊，踏着已经染上青苔的台阶，一级一级步入白云寺，破碎的古楼上似乎可以看见曾经的痕迹，灰色的石墙根前，一排千年的古银杏树参天蔽日，黄灿灿的树叶照亮了山寺的小院。来到院中，唐玄宗时期的建筑大部分已经损毁，但大雄宝殿和几处经堂、僧舍依然还在，衬着四季轮回的花木，映出昨日的光辉。

还有翠薇峰下的灵峰寺，只是从名字上说，就透着丝丝的灵秀。灵峰寺兴建于唐朝咸通年间，位于现在的冷城西边，由于历朝历代的不断扩建，寺院渐渐显露出了壮观的气势。来到灵峰寺，只见山峦叠翠，流水潺潺，好一幅“敛溪独秀”的画卷，徐徐揭开。立在寺前清澈的泉边，水中倒影清晰可见，尽管已经历千年岁月，但泉中水汩汩翻涌，依旧保持着极强的生命力，使人不由得想起了宋代名家郑樵的这首诗：“静涵寒碧色，泻自翠微巅，品题当第一，不让惠山泉。”其中写的就是这口清泉。跨进庭院之中，殿阁错落有致，布局精巧，大雄宝殿占据核心位置，藏经楼巍巍矗立绿林当中，佛堂、花圃等点缀院中，幽深闲适，更有从唐代到清朝保留下来的大量石刻，堪称精品，此外还有唐代的塔座遗迹，雕刻细腻，古朴美观，宋代的石斛、石炉等文物，都是难得的宝贝。

瑞云寺也是太姥山有名的古刹。这座寺院与众不同，基本上就是园林的布局，突破了古代寺庙那种沿中轴线对称的传统，所以来到瑞云寺，就像是进入了苏州园林。站在寺院门口，9 株枫树高耸入云，树冠如伞，迎接四海来客，更有“感触树”使人称奇不已。往里走，迎面照壁上的浮雕美轮美奂，移步易景，大雄宝殿、观音阁、菩提阁等慢慢浮现眼前，院中池塘、假山布置出画中景色，使人流连忘返……

旅游小贴士

地理位置：福建省福鼎市

最佳季节：四季皆宜

开放时间：08:00 ~ 17:00

旅游景点：白云寺、瑞云寺、灵峰寺

白云寺殿宇经过修缮，古老与现代交融，别有风味。

五百罗汉堂重檐飞翘，雕梁画栋，正脊盘龙，精美绝伦。

妈祖庙 海上女神

在我国东南沿海，信仰妈祖的人群占绝大部分，这种古老的信仰与人民的日常劳作有关，这里的人们基本上都是渔民，所以海洋成为他们生存的依靠，但是大海的潮生潮落，并非人类可以控制，因此伟大的妈祖神便随着人们的期望诞生了。尽管这只是传说，但是那凄美的故事却值得人们传诵。

据说妈祖确有其人，她就是莆田县的一位农家女，名唤林默，人称默娘，在她的一生中，多次援救海难中的人们，甚至点燃家中的草庐为迷失航线的船只指引方向。后来她在一次救助中不幸丧生，然而上天感念她的功德，将其列入仙班，每到海上出现狂风巨浪，她就会出现在云端，保佑出海船只。几百年来，沿海百姓建庙祭祀林默，规模宏大。

湄洲妈祖庙作为当今世界上最古老的妈祖庙，像一位海上女神屹立在礁石上，眺望着远方。每当清晨的曙光照在巍巍群楼上的时候，怒吼了一夜的潮声渐渐平复，渔船一只只出海，帆影点点，新的一天拉开帷幕，也许这一切都平淡无奇，但是这就是人们一直追求的幸福。据说湄洲的妈祖庙最通灵性，有求必应，所以无论澳门，还是东南亚各国的人们都会经常赶到湄洲求福，特别是每年的九月初九，更是热闹非凡。带着寻找妈祖的心愿，踏上湄洲，蓝天上几抹淡云，沿途树木苍翠欲滴，不远处的石牌坊高耸，浅蓝的檐顶与天色相容，琉璃瓦色彩斑斓，正脊两端勾回，犹如展翅的大鹏，栩栩如生，檐下灰色方柱上接斗拱，古朴典雅。

沿着石阶，向上攀登，前往天后宫。山坡上林木映着巨石，树根扎进石缝中，防止狂风将其拔起。抬头仰望，青石上面巨大的摩崖石刻，引人注目，字如伞盖，笔法苍劲雄浑，飞走龙蛇，来往游客无不惊叹。终于来到了天后宫前，地势突然陡立，双狮守门，之后台阶斜刺向上，石阶中间游龙浮雕显露祥瑞，高台上面一座宝殿迎风傲立，正脊双龙腾跃，重檐梢头祥云纹饰飘摇浮动，檐下斗拱密密如织，廊柱一排笔直挺立，汉白玉石栏绕殿一周，美不胜收。

慢慢跨过门槛，走进殿内，一片光明，四面墙壁上琳琅满目，使人眼花缭乱。走到堂前，雕花香案上摆着宝瓶、供果、香炉等，左右铜烛台上红烛极粗，后面内柱高耸承接横梁，一对颂功楹联高挂，金字熠熠生辉，内层上有横匾，下立一对盘龙柱，金龙正面向中央位置上正是天后娘娘。跪在蒲团上，细细注视，只见天后娘娘凤冠霞帔，一袭彩装，双手合抱捧在胸前，那粉面朱唇之间既有母性的温良，又有菩萨的慈悲，宛若神人。

旅游小贴士

地理位置： 福建省莆田市

最佳季节： 四季皆宜

开放时间： （4月16日至10月15日）08:00 ~ 17:30；（10月16日至次年4月15日）08:30 ~ 17:00

旅游景点： 牌坊、天后像、天后宫、天后像

天后娘娘凤冠霞帔，一袭彩装，双手合抱捧在胸前。

天后宫迎风傲立，正脊双龙腾跃，重檐梢头祥云纹饰飘摇浮动，檐下斗拱密密如织，美不胜收。

金華分蹟

第五章

西南地区名寺古刹

郎木寺 跨省古寺

白龙江从甘肃和四川的边界上流过，江畔的郎木寺地跨两省，所以被一分为二，留在甘肃省的部分称为“郎木寺镇”，寺名为“赛亦寺”，而属于四川的又叫作“纳木寺镇”，寺名为“格尔底寺”。尽管郎木寺分在两地，但是它们都属于藏传佛教里的格鲁派系，因此信仰是一致的。

长廊里色彩艳丽，安置有转经筒。

郎木寺有着寺院的氛围，同样又像一座小镇，经过岁月的洗礼，寺院与当地人之间形成了一种休戚与共的关系，这种独特的异域风情吸引了许许多多的游人纷至沓来。在这里一直流传着这样的传说，在那遥远的古代，人类还在茹毛饮血，各种野兽都是生命的威胁，为了拯救人民，一位美丽的姑娘情愿化身成石，与虎相伴，这就是西王母，西域部落的先祖，又被人们称为“黑虎女神”。

赤哇嘉参格桑，一个与郎木寺相关的名字，将永远刻在人们的心上。从嘉参格桑出家开始，27 岁到拉萨学法，23 年后当上噶丹寺赤哇，修成正果，深受四方敬仰。直到 70 岁时，他返回故乡，建立这座郎木寺，它就如同一座丰碑一样，矗立在这片土地上，鼓励着后辈的僧侣继续追求，继续努力。

望着绵绵群山起伏不定，流云随风而动，山下楼宇殿阁纵横千里，气势磅礴。走进四川的格尔底寺，开阔的地势，沃土万顷，寺院里的喇嘛吹起法号，低沉浑厚的声音在村落之间回荡，连牧场里吃草的牛羊也像在驻足聆听一般。格尔底寺中殿宇高耸，其中闻思院是核心建筑，医学院、时轮殿和护法殿与之构成寺院的主体，此外大大小小的僧舍点缀在这 4 座大殿的四周，由近到远，层层散开，仿佛 4 朵千瓣莲花绽放，美不胜收。

跨进闻思院，这座殿宇就等于内地寺庙中的大雄宝殿，宽敞明亮。离开格尔底寺，来到甘肃这边的赛赤寺。举目望去，只见赛赤寺沿着平缓的斜坡一路下行，寺院中白塔巍巍矗立，殿阁金顶明艳耀眼，林木葱郁，围绕一周，显露出清幽的自然风光。赛赤寺的“赛赤”是藏语，翻译成汉语就是“法台”之意，相当于我们常说的寺院主持，据说建造赛赤寺的法师就曾是拉萨甘丹寺的法台，所以“赛赤寺”一名就由此而来。

旅游小贴士

地理位置： 甘肃甘南藏族自治州碌曲县和四川阿坝藏族羌族自治州若尔盖县

最佳季节： 四季皆宜

开放时间： 全天开放

旅游景点： 仙女洞、白龙江源头、大峡谷、红石崖

白塔巍巍矗立，像一座山一样，塔尖黄灿灿的，耀眼夺目。

楼宇殿阁高耸，沿着山坡起伏绵延，纵横千里，气势磅礴。

广德寺 西来第一禅林

四川遂宁的卧龙山中有一座皇家禅林，这就是广德寺，从618年建立之日算起，现在已有1300多年了，期间多少朝代变迁都成了云烟往事，匆匆来去的人新颜换旧颜，只有香火中悠然的梵音没有改变。

广德寺初名为石佛寺，唐朝大历二年（767年），改作“保唐寺”，十三年（778年）御赐“禅林寺”，之后又有“善济寺”“广利禅寺”，直到明朝武德时，才换成了“广德寺”。据说广德寺鼎盛时期，高僧云集，远近驰名，甚至被称为“西来第一禅林”，受到周边三省人们的推崇，盛极一时，虽然岁月的尘埃为广德寺蒙上一层古老的轻纱，但是旺盛的香火仍在延续着曾经的辉煌。

相传唐代高僧克幽禅师曾经在广德寺出家，后来修成正果，甚至民间一直流传他就是观世音菩萨的化身，更是吸引了无数人来此朝拜，连历朝历代的帝王也慕名至此，请教禅机佛理，因此唐至明清都有拨款扩建广德寺的事情，所以才有了现在我们看到的依山绵延的壮观景象。

“蜀中观音胜境”是广德寺四层楼阁上的竖匾，更是对广德寺的赞誉。

来到广德寺，看着巍巍殿宇，重重高阁，不禁为之惊叹，仿佛皇家寺院的那种气魄依稀犹存。沿中轴线望去，一路上 7 座殿宇依次排开，蔚为壮观，两侧配殿点缀在数个树木葱郁的院落之中，还有各类特色突出的塔坊，呈现出以宋代寺院建筑布局为主体、明清风格相兼的效果。

山门前牌坊 4 根圆柱上斗拱飞檐，柱下外侧是两只雄狮回首相顾，气势威武，中间两头大象后腿蹲卧，体格魁梧。步入广德寺，有 5 件镇寺之宝不能不看，这第一件便是圣旨坊。话说广德寺中的高僧克幽禅师本是皇室后裔，所以寺中僧众就不必像峨眉山其他寺院远远地等在山门外十里迎接圣旨，而是钦差亲自进入广德寺，在圣旨坊下宣读圣谕，可见广德寺的显赫地位。现在我们看到的圣旨坊已不是宋代的原物了，而是明朝改造后的模样，尽管如此，广德寺的圣旨坊也是全国独一无二的。

五宝其二即是善济塔，广德寺开山之祖克幽禅师的肉身就安置在此塔中。善济塔是一座石塔，22 米高，建立于唐朝德宗年间，几千年来一直屹立在此，守护一方圣土，更显得弥足珍贵。此外御赐镇山法印也是一宝，广德寺的两枚法印极为罕见，其中一枚受于宋真宗，乃是观音珠宝印，上刻“御敕广利禅寺观音珠宝印”，另一枚来自于明武宗，为“四国文玉印”，分别刻有汉字、缅甸文、僧伽罗文和巴利文，皆为世间真品。

剩下的二宝则是九龙碑和缅甸玉佛。我国目前发现的九龙碑只有广德寺这一块，其价值可想而知，石碑上唐宋 9 位皇帝敕封广德寺的史料更是具有较高的研究价值，非比寻常，而缅甸玉佛同样不可等闲论之，代表着不懈追求的玉佛，更应当供奉院中，引以为榜样……

旅游小贴士

地理位置： 四川省遂宁市

最佳季节： 四季皆宜

开放时间： 08:00 ~ 18:00

旅游景点： 多宝佛塔、大雄宝殿、玉佛殿

山门前牌坊 4 根圆柱下面，两只雄狮回首相顾，两头大象蹲卧。

站在远处，看广德寺巍巍殿宇，重重高阁，不禁为之惊叹。

川主寺 高原明珠

与郎木寺相似，川主寺基本上就是一个镇子，也可以说川主寺镇便是围着川主寺建立起来的，所以两者相容，难分彼此。原先的川主寺，又叫作卓仓库寺，由希洛益西堪布主持创建的，按照时间推算，正是明朝宣德三年（1428 年），经历了 300 多年的岁月，可惜在动乱的年代里毁于一旦。

河流从屋舍间穿过，河面不深，缓缓流动，带有一种清香的泥土气息。

直到 1997 年，经政府批准才得以重新建立，近些年，随着旅游业的发展，川主寺高原明珠镇应运而生，川主寺慢慢变成了一座由藏民、喇嘛以及外来人组成的小镇。来到川主寺，一条笔直公路从远处直抵寺门前。抬头仰望，一间门楼高耸，并无大门，路从门中穿过，进入寺院之中。屋顶金灿灿的一片，铜瓦密密铺开，鳞次栉比，檐上金色的双鹿卧倒在法轮两旁，举目对望，正脊上面 3 座尖塔遥指蓝天，檐角银白色的飞龙，明晃晃闪烁得人睁不开眼。重檐之下，横额上“川主寺”3 个金字熠熠生辉，上方为藏语译文，两侧白壁各有一窗，对称美观。

从门里穿过，抬头可以看见蓝色顶壁，绘画五彩斑斓。慢慢往里面走，看着远处屹立的山峰，苍翠的颜色在天色下变得明亮，只有山顶处的林木显得墨绿而幽深，山坡下低矮的藏族屋舍紧紧地挨在一起，和新建的高楼形成了鲜明的对比，也许那才是川主寺的本色。一路上都可以遇到寺中的喇嘛，他们身着红袍，手中的经轮不停地摇着，嘴里默默诵读藏语的经文，从旅客的身旁轻轻走过。

镇中的河流，从屋舍间穿过，河面不深，缓缓流动，一种清香的泥土气息，随着迎面吹来的风一同而来，使人心情爽朗。请一位热情的向导，走遍川主寺的街巷角落，是一种难以言表的享受，那种民族特色的风景，浸染佛教色彩的生活，相信能够带给游人不一样的体验。

走过广场，来到大殿前，只见巍巍矗立的殿阁分成 3 层，层层抬高，与背后的青山并立，3 层屋顶都是金光闪烁，最高处尖塔笔直挺立，铜瓦密密如鱼身上的细鳞，又像阳光下水面上的涟漪，檐角微微上翘。往下看，一二层的檐头除了金鹿和法轮，还有五六座金色的经幢，格外精美，使人叹为观止。底下搭起一排长廊，正好沿大殿环绕一周，廊内全是转经轮。

旅游小贴士

地理位置： 四川省阿坝州

最佳季节： 四季皆宜

开放时间： 全天开放

旅游景点： 川主寺、藏族村落

寺中大殿长廊沿大殿环绕一周，廊内转经轮紧密排列在一起。

门楼高耸，铜瓦密密铺开，檐下两侧白壁各有一窗，对称美观。

皇泽寺 武氏家庙

四川广元在唐朝时称作利州，作为我国历史上唯一一位女皇帝的故乡，被世人熟知。据说武则天登基之后，就下令修建了现在的皇泽寺。绵绵乌龙山还在，然而岁月已经流逝 1300 年，这座古刹饱经沧桑，巍巍矗立，为后人留下了一个时代的记忆。

来到皇泽寺，深入院落，二圣殿隔着山门露出冰山一角，仰面看去，可见单檐的两层楼阁高耸，四周林木苍翠，绿竹成荫，面墙朱红漆成，色彩艳丽。二层带有围栏，栏杆之下匾额上书写着“二圣殿”3 个金字，从横额下跨进堂内，堂中宽敞明亮，黄色的帷幔撑开，布置得富丽堂皇，宛若皇宫，唐高宗和武则天坐在龙椅之上，一个龙袍加身，一个凤冠霞帔，两尊铜像雕刻细腻，惟妙惟肖。而在皇帝和皇后左右，名相狄仁杰、才女上官婉儿等 9 位大臣静立，仿佛又重现了千年前朝堂议事的场面。

二圣殿四周林木苍翠，绿竹成荫，面墙朱红漆成，色彩艳丽。

则天殿紧跟在二圣殿之后，此殿又名“武后真容殿”或“则天圣后殿”，从唐朝兴建时起，一直屹立在寺院之中。与其他殿宇不同，这座大殿是当年武则天亲自下谕旨建造的，而皇泽寺中的“大雄宝殿”就是则天殿，所以庙宇的核心就在此处。则天殿中，“武后真容”石刻像立于高台，来往游人可以一睹天后尊容，不像前殿里的装束，这位“武则天”则更像佛门僧人，一身僧袍，神情和善，没有了作为政治家的盛气凌人，多的只是一份慈悲善念，平易近人。殿中还有一幅石刻画像，据说明代陈鸿恩曾为此留下一首《无双传》，其中曰“六尺遗孤兴浩劫，千秋高视仰丰功”，可见他对这位风云人物的敬仰之情。此外广政碑、升仙太子碑等也属于艺术珍品。

皇泽寺的大佛楼，便是大佛石窟，楼阁只是现代增补的建筑，原来只有石窟。大佛窟里的摩崖造像从唐代中叶开始陆续开凿，也算一处古迹。窟中阿弥陀佛站在莲花台上，迦叶、阿难二弟子侍奉在左右，南海观音与大势至二位菩萨静立外侧，护法、金刚、力士等护佑在前，群像尽管历经风雨，有所破碎，但是雕刻的高超技艺依然令人折服。石窟内的“供养人”像更是世间一绝，一身官服，可以看出是唐朝装束，但是众说纷纭，无人知其是谁，成为千古之谜。

旅游小贴士

地理位置：四川省广元市

最佳季节：四季皆宜

开放时间：09:00 ~ 17:30

旅游景点：则天门、广政碑、蚕桑十二事图、石龛

唐高宗和武则天被誉为皇泽寺里的“二圣”。

大佛窟里的摩崖造像从唐代中叶开始陆续开凿，至今已历千年岁月。

峨眉山寺庙群 构筑精巧的佛寺

万里江山如画，一枝独秀属峨眉。风景秀丽的峨眉山如诗如画，总能引来无数诗人骚客的吟诵，丹青高手的绘制。在这无数优美的景致中，佛教的名寺古刹是不可缺少的景观。峨眉山是我国四大佛教名山之一，著名的佛教圣地，有着“佛之长子，山之领袖”的美誉。人们所熟知的金庸武侠小说中的峨眉派就是佛教门派，可见佛教在峨眉的深远影响。

峨眉山原是有名的道教“洞天福地”，三国时，就有道教在此流传。唐宋时，佛、道二教并存峨眉，后来道教逐渐没落，最终被佛教取代，使峨眉山成为独一无二的佛教圣地。在峨眉山1000多年的佛教历史中，佛教由微弱走向兴隆，寺庙数量和建筑规模不断扩大，在高耸的山峰上依山就势，精巧建造，成为与峨眉山旖旎雄伟景色相依相成、浑然一体的人文景观。这些寺庙建筑有的伫立于巍巍峰顶，有的隐匿于山水之间，或瑰丽恢宏，或精巧雅致，不拘一格。

传说普贤菩萨骑象经过此处，用池水清洗坐骑，故得名洗象池。洗象池是观月胜地，月朗中天之时，池中便多了一轮金月。

虽然峨眉山佛教兴盛，寺庙建筑众多，但由于峨眉山海拔较高，风雪天气变化无常，历史上很多的寺庙都经历过毁坏的命运，有些得以重建，有的逐渐消失。如今在峨眉山上保存较好的寺庙有 26 座，其中以报国寺、万年寺、洗象池、清音阁、伏虎寺、洪椿坪、仙峰寺和金顶华藏寺 8 座寺庙最为著名。这些多是明清时期建造的寺庙，虽不复鼎盛时期的辉煌，却也代表着峨眉山佛教的兴盛。

山顶广场之上，金顶金光四射，底座呈圆形，座上 4 头金象连体，头朝四方，象背上菩萨端坐，多面重叠。

报国寺是峨眉山的第一座寺庙，也是人们进入峨眉山的门户，其坐落在峨眉山的山麓。寺庙创建于明朝万历年间，古名为“会宗堂”，后由康熙帝取佛教“报国主恩”之意，取名报国寺。寺庙建筑是庭院式建造格局，依山而建，弥勒殿、大雄殿、七佛殿和普贤殿四重屋宇，四层的布局层层深入，蔚为壮观。建筑外围红墙环绕，金碧辉煌，在袅袅升起的香火中不时有钟声响起，回落在山峦之间。

万年寺是峨眉山最早的六大古寺之一，寺庙创建于东晋，初名普贤寺，明神宗时，御题“圣寿万年寺”，逐改为万年寺。万年寺的建筑风格颇有古印度的风格，全以砖块建造，并无瓦木材料，是我国古代建筑一大奇观。在近 400 年的时间里历经多次地震，依然留存于此，可谓是我国古建筑史上的奇迹。现今的寺庙有五重大殿，高大巍峨，内部佛像、佛经、书画、法器等藏品

仙峰寺是峨眉八大寺庙之一，视野开阔，可眺望峨眉平原沃野。

旅游小贴士

地理位置：四川省峨眉山市

最佳季节：春秋季

开放时间：每个寺庙不同，一般是 07:00 ~ 18:00

旅游景点：报国寺、万年寺、洗象池、清音阁、伏虎寺

仔细看那些荒草青苔掩盖的石壁，一幅幅浮雕和石像便会被发现，岁月几何，这些古老的艺术依然栩栩如生。

丰富。历史上，万年寺高僧辈出，文化极为昌盛，几乎成为峨眉山寺庙之首。

洗象池的来历颇具传奇色彩，寺庙原是一座小庵，后来传说普贤菩萨骑象经过此处，用池水清洗坐骑，故改名为洗象池，经过扩建后成为一座寺庙。寺庙是三重的建筑，正殿中供奉有普贤骑象法身，金碧辉煌。洗象池最为特殊的是，每当晴朗的夜晚，明月当空，无限清辉洒下，池中就会多出一轮金月，明亮异常。这就是峨眉山著名的十景之一“象池夜月”。

仙峰寺因紧靠仙峰岩而得名，始建于元代时期，原仅是一座规模较小的寺庙，明万历时期扩建为大寺，名为仙峰禅林。明末时因火毁坏，清乾隆时期重建后更名为仙峰寺，并沿用至今。寺庙也是一座三重大殿的建筑，有弥勒殿、大雄殿和舍利殿，另外还有高 3.6 米六方七层的舍利铜塔，鎏金覆体，金光闪耀。

金顶不仅是峨眉山自然精华的所在地，也是峨眉山佛教寺庙的集中地。华藏寺始建于东汉时期，明代时，在殿后的最高处建造普贤佛殿，又被称作铜殿，因顶部是鎏金构造，所以也被称为金顶。华藏寺依山而建，沿着中轴线由低到高依次分布着弥勒殿、大雄殿和普贤殿，游人依次登高游览，犹如慢慢步入天国一般。整个建筑恢宏大气，金黄色的屋面和铁灰色的琉璃瓦覆顶，雕梁彩绘，很是精美。

千百年来，峨眉山秀美的自然景观与佛教名寺古刹深厚的底蕴相辅相成，相得益彰。当我们领略峨眉山这座大自然用无边伟力创造出来的俊秀山色时，看看那些历经岁月风雨的寺庙，或许会有不一样的感悟。

峨眉山游人众多，寺庙的香火也是非常旺盛。

文殊院 川蜀名寺

提起文殊院，人们经常想起的就是位于成都的文殊院，虽然这座寺院规模不是很大，却是闻名遐迩。文殊院位于成都市青羊区的文殊院街，是川西著名的佛教寺院，也是国务院确定的全国汉语系佛教重点寺院之一。

文殊院法鼓殿。

文殊院的历史悠久，其前身是始建于唐朝的妙圆塔院，在宋代时改为信相寺。明朝末年寺庙毁于战火，只保留了两株千年的古杉和 10 尊威武的铁铸的护戒神像，直至清康熙年间，慈笃禅师来此苦行修持才得以重建。相传慈笃禅师圆寂时，天空中有红色文殊菩萨的模样显现，并伴有悦耳的韵律，庄严肃穆，俯视众生，人们就认为慈笃禅师是文殊菩萨的化身，于是就把寺庙改为文殊院。后来寺庙不断捐资重修，各个殿堂逐渐完善，形成了如今的规模。

在成都闹市的街道上，文殊院坐南朝北，殿宇重重，如今天王殿、三大士殿、大雄宝殿、说法堂、藏经楼等诸多清代建筑沿着中轴线依次展开，古朴壮观。两侧的钟楼、廊房布局合理，与主要建筑浑然一体，此外由长廊密柱连结的观、斋、佛堂等规范整齐，所有建筑一起构成了一个庄严肃穆、宽敞明亮的寺庙建筑院落。在建筑结构上，主要采用木石相结合的建造方式，细节之处木琢石磨，非常精细。殿堂的屋脊、斗拱、窗棂上图案精美，代表着极高的古建筑雕饰艺术。

在文殊院五重殿宇中，第二进的三大士殿和第三进的大雄宝殿是最具规模，内部的佛像雕塑也是异常精美。三大士殿是供奉观音、文殊和普贤三大士的大殿，殿宇肃穆，装饰古朴。殿内观

文殊院建造的精美古塔。

音、文殊和普贤的塑像精妙绝伦，其中观音大士像由青铜铸造，工艺精细，可谓佛像雕塑中的精品。大雄宝殿是文殊院的主殿，原有慈笃禅师建造，重建后的大殿高 10 米，巍峨壮观。殿内有道光年间铜铸的释迦牟尼佛像和迦叶、阿难尊者像，生动传神，具有很高的艺术价值。

作为著名的川蜀寺院，文殊院文物荟萃，所藏宝物众多。佛像、石刻、佛经、书画等佛教宝物应有尽有，其中供奉的各式佛像就有 300 多尊，这些都具有很高的艺术价值。在书画珍品中，以康熙皇帝 1702 年御赐文殊院的“空林”墨迹和其临摹宋代书法家米芾的《海月》条幅最为著名。

此外，寺庙还珍藏有玄奘法师的头骨、唐代时期日本传入的鎏金经筒、挑纱文殊、印度的贝叶经、千佛袈裟、发绣观音和舌血含宝等佛教文物。千佛袈裟历史悠久，距今有 300 多年的历史，据说是崇祯的妃子织绣，非常精细。挑纱文殊是清代的人们采用传统的挑纱方法制成，看上去水烟朦胧，犹如一幅精美的山水画。贝叶经是明宽法师于 1887 年从印度带回来的佛经，保存完好，非常珍贵。

在文殊院，除了观赏这些古朴庄严的寺庙建筑，领略珍藏的佛教文物，还可以在静雅的茶室里品尝一番川蜀之地特有的盖碗茶，或是品味素撰佳肴，真是悠闲自得。文殊院正以其庄严的殿堂、优美的景色、丰富的文物吸引着众多游客。

旅游小贴士

地理位置： 四川省成都市

最佳季节： 四季皆宜

开放时间： 09:00 ~ 17:00

旅游景点： 三大士殿、大雄宝殿、藏经楼

寺院中各种石刻的雕塑琳琅满目，如金刚罗汉、闭目佛祖，还有蛤蟆、乌龟等。

殿宇气势恢宏，层层高升入云，除过飞檐和斗拱，匾额与窗棂也都纹饰精美。

凌云寺 乐山大佛福地

大佛开凿于唐代开元元年（713 年），历时 90 多年完成。

坐落在四川省乐山市南岷江东岸的凌云寺，听起来你也许并不耳熟，然而一说乐山大佛，你就恍然大悟了。凌云寺始建于唐代，武宗灭佛时幸免于难，之后不断扩建形成新的规模，可以从岑参的诗中“寺出飞鸟外，青峰载朱楼”“如知宇宙阔，下看三江流。天晴看峨眉，如在波上浮”，略微知晓。

经过“甘露门”进入凌云寺，广场上铜炉中的香烟袅袅升起，亭阁秀丽，迎面可见妙参法师的门联：“涌出西方千叶宝，远承南海一枝春”，浓浓的诗书气息也慢慢飘过心尖。庭院幽深，长廊迂回，一路走过天王殿、大雄宝殿、藏经楼，风光无限，琉璃瓦配红墙，厢舍禅房分布四周，错落有致，融入寺院的美景之中。

来到凌云寺，游人的脚步总是急不可耐地冲向凌云大佛。毫无疑问，凌云大佛，即乐山大佛就是凌云寺的标志，来寺不看此佛等于白走一遭。凌云大佛坐落在大渡河、青衣江和岷江三江汇流处，巧夺天工的造诣，历时多年的开凿，所有的智慧、艰辛和虔诚都雕琢在那尊举世无双的佛像上。大佛从唐代开元元年（713 年）开凿，历时约 90 年才完成。在这断断续续的开凿中，大佛逐渐成形，最终形成了一个高约 71 米的大弥勒佛坐像，成为我国最大的石刻大佛。

乐山大佛一侧山壁上的石崖栈道曲曲折折，成为人们观佛的天梯。

大佛就雕凿在凌云寺不远的山崖上，慢慢走近，佛像之大虽在意料之中，却也感到无比的震撼。不禁想到之前看到的著名诗人戈壁舟写下的诗句：“山是一尊佛，佛是一座山。带领群山来，挺立大江边。”这是世界上最大的弥勒佛坐像，背倚山崖，面向三江，双手平放在膝上，正襟危坐，沉静安详。那似闭未闭的眼眸注视着面前滚滚的江水，穿越千年时空未曾改变，仿佛阅尽人间沧桑，惯听潮起潮落，“岁月无语，唯石能言”。或许这就是佛的真谛。

凌云寺乐山大佛脚下流水湍急，每逢雨季，潮浪翻涌，势如千军。

凭栏看佛，大佛头顶与山齐平，大佛之大，各个部分都是大得惊人。佛头高约 15 米，面宽 10 米，头顶上的密布螺髻每一个都可以放一张大圆桌。佛像双耳各长 7 米，巨大的耳孔内可以同时站有两人，佛像鼻和眉等长，嘴巴和眼长皆 3.3 米。小腿长 28 米，脚面 8.5 米宽，可以站立百人。乐山大佛虽大却不粗糙，更显细腻精巧，尤其是雕刻技艺更是一绝，设计巧妙的排水系统、数量众多且精巧的发髻、生动传神的面部表情，无不诉说着建造工匠的精妙技艺。在这个佛教胜地，大佛并不是孤零零的，在沿江的崖壁上，两尊手执戈戟、身披战袍的护法武士，高约 10 米，数百上千尊石刻造像，犹如一个庞大的佛教石刻艺术群。

看着群峦起伏、郁郁葱葱的凌云山，9 座低矮的山峰在江水河畔犹如盛开的荷花，亭亭玉立，在朝霞映照下，显得格外光彩照人。弥勒佛敞开大肚，有“大肚能容天下”的气派，为世人祈求福泽。

旅游小贴士

地理位置： 四川省乐山市

最佳季节： 春秋季

开放时间：（4 月 1 日至 10 月 7 日）07:30 ~ 18:30；（10 月 8 日至 3 月 31 日）08:00 ~ 17:30

旅游景点： 乐山大佛

罗汉寺 西川佛都

罗汉寺位于四川省什邡市，寺庙始建于唐朝中宗时期，是佛教禅宗临济宗的主庙。当时正逢佛教兴盛之际，于是僧人马道一就在此出家修行，后来成了人们敬仰的“马祖”。寺庙在1000 多年的漫长岁月中多次遭受毁坏，又多次重修，寺庙格局虽有改动，但大致的格局没有变化，直至清代再次修建之后保留至今。

罗汉寺因寺前的照壁上刻有四字“西川佛都”而名闻天下。整个寺庙规模宏大，金碧辉煌，在苍翠的树木掩映下显得宏伟高大。站在寺庙的山门前，清康熙时期留存下来的罗汉寺匾额熠熠生辉，不减当年的色彩。寺庙地处较为平坦的地区，建筑群左右对称，南北纵向分布的格局，全是木石结构建造，殿宇恢宏，庭院幽深。建筑间种植着整齐的林木花草，古柏苍劲，有着古寺安静苍郁的特色。

跨过山门就是天王殿，殿内供奉的四大天王各持法器，怒目圆睁，高达数米的身躯在华丽色彩的映照下更显雄壮威武，让人

高约 5 米的弥勒佛雕像，笑容可掬，生动形象。

望而生畏。在天王殿后面就是寺庙的广场，中间伫立着一尊弥勒佛的雕像，佛像开怀大笑。整个雕像上下 5 米高，体积庞大，给人一种厚重之感。弥勒殿就位于雕像后面，内部供奉着布袋和尚，面露微笑。

在罗汉寺最著名的建筑当属罗汉殿了，这也是寺庙的精华所在。殿堂内供奉的五百罗汉神态各异，或嬉笑、或怒目，或做沉思状、或似昂首高歌，千姿百态，形象逼真。据说在里面要是能够找到一个和自己面容相似的罗汉就代表着一种缘分，也是一种护佑。在这五百罗汉中，最为著名的莫过于那位疯疯癫癫的道济和尚了，而且也是最好认出的，破烂的僧衣、有着窟窿的帽子、一把蒲扇、一壶酒，极具特点。看到他就能想到电视剧中关于他的各种故事，让人啼笑皆非。

罗汉殿的一侧是大雄宝殿，殿宇恢宏，建筑整齐，门楣匾额上，“大雄宝殿”的字体苍劲有力。作为寺庙的主殿，大雄宝殿一直都是举办各种寺庙仪式活动的地方，中间伫立的佛祖雕像庄严肃穆。除了天王殿、罗汉殿和大雄宝殿，寺庙内还有可容纳上百人打坐的禅堂、法堂以及藏经楼，规模可谓宏大。

除了这些建筑精致的殿堂，罗汉寺还有着深厚的文化底蕴，在悠久的历史中留下诸多名人的题刻、楹联以及诗记散文，如匾额“拈花一笑”“祗园揭谛”等，以及唐朝时期的《马祖塔铭》都记录着罗汉寺辉煌的人文底蕴。还有罗汉寺的斋饭在当地很有特色，值得一尝。

旅游小贴士

地理位置： 四川省什邡市

最佳季节： 四季皆宜

开放时间： 全天开放

旅游景点： 天王殿、罗汉殿、大雄宝殿、北寺晚钟

大雄宝殿是寺庙的主殿。

宏伟的建筑与郁郁葱葱的自然景色一同构成罗汉寺秀美的风光。

大足石刻 石窟艺术的殿堂

在重庆西部的大足县境内，在一片青山环抱、绿水纵横之中，隐藏着一处艺术气息浓郁、历史底蕴深厚、闻名海内外的佛教圣地——大足石刻。这里雕刻精美的佛像，技艺精湛，形式丰富优美，堪称石窟艺术的殿堂。

大足石刻始建于唐朝初年，在两宋时期进入鼎盛，此后历经元、明、清等多个朝代，有1300多年的历史，源远流长。在这千百年间，大足石刻继续建造，规模不断扩大，如今规模占有宝顶山、北山、南山等数十平方千米，各类雕刻共有5万多尊，10万多字的铭文。佛像造型生动，色彩鲜明，保存完好，集我国石窟艺术之大成，被人们称为雕刻在摩崖上的佛教百科全书，是佛教艺术的典范。

宝顶山石窟群像规模宏大，层次感强，佛像精巧美观。

北山石窟雕琢于唐朝时期，位于大足县城之北2千米的龙岗山上，密密麻麻，共有450处之多，各种佛像上万尊。在石刻的集中地——佛湾——这个好似新月的地方，龛窟众多，形似蜂巢，在宽不足 500 米的崖面上，佛、菩萨、罗汉、金刚和各式人物造像共有 7000 多尊，是大足石刻最集中、最精美、最宏大的石刻群。佛像俊俏秀丽、宁静安详，精雕细琢间汇聚东方神韵。这里以观音的造像最多，佛像线条蜿蜒细腻，生动传神，充满人间气息，著名的石刻杰作普贤菩萨被誉为“东方维纳斯”。佛像琳琅满目，呈现出唐朝的风韵之美，令人赏心悦目。

宝顶山石窟始建于宋代，位于大足县城的东北处，以大佛湾为中心，形成众星捧月之势。宝顶山石窟堪称佛国仙境，周围林密壑深，苍茫青翠，在“U”形的山崖上雕琢着近万尊佛像，气势磅礴，独步天下。佛像建筑群规模庞大，布局精致细密，各个部分紧密连贯，成为一个有机整体。佛像雕刻上突破了北山雕刻的技艺，取材于日常生活，那一座座各不相同的佛像带着浓郁的生活气息，仿佛一幅幅悬挂在石崖上的巨大连环画，形象生动。

在大佛湾有一座释迦卧佛，佛像长达 31 米，是我国卧佛雕像中最大的一个。佛像南北横卧，面朝西方，右半身和膝盖沉入地下，左手平伸放置，因此被称为“无限大的卧佛”。佛像线条

北山石窟巨像体形高大，石像人物正面端坐，庄重肃穆。

千手观音浮雕位于正中间，两侧彩云浮动，朝拜者人山人海。

宝顶山石窟圣贤都是从历史人物中选出的重要人物，这其实也是对古人的一种缅怀。

旅游小贴士

地理位置：重庆市大足县

最佳季节：四季皆宜

开放时间：08:30 ~ 18:00

旅游景点：宝顶山石刻、南山石刻、北山石刻、石篆山石刻、圣寿寺

柔和、身形饱满，佛前的弟子也是半身像，犹如从地底涌出，形成天迎地送的壮观景象，一种庄严静穆的气氛油然而生。

在大足石刻，还有一个著名的雕刻——千手千眼观音。佛像高 3 米，坐在一朵莲花上，双眼微闭，在佛像四周，密布着许多手眼，共有 1007 多只，这上千只手眼代表着佛像无边的法力和无穷的智慧。这些林立的手中还拿有各式各样的法器或是作手印状，形式各异，好似孔雀开屏一般，让人叹为观止。这样惟妙惟肖、规模庞大的千手千眼观音造像世间罕有，被人们誉为“手雕之绝”。

在大足还有一个著名的寺庙，那就是圣寿寺。圣寿寺历史悠久，始建于南宋时期，距今已有近 1000 年的历史。寺庙规模庞大，几经兴废，如今依然香火不断，成为西南地区著名的佛教圣地。寺庙保存的建筑大多是明清时期遗留下来的，主要有大雄宝殿、天王殿、灵霄殿、燃灯殿等，建筑依山而建，错落有致。建筑上的雕镂彩绘技艺精湛，惟妙惟肖。每年的游人络绎不绝，特别是香会时，人涌如潮，有“上朝峨眉，下朝宝顶”的盛况。

走进大足石刻，就好像走进了古代石窟艺术的殿堂。其中北山石窟和宝顶山石窟规模最为宏大、最为耀眼，犹如两根巨大无比且精美华丽的腾龙石柱鼎立，支撑着大足石刻这座奢华的殿堂。

北山石窟群像中有佛祖或者菩萨，以及天上各路神仙，场面宏大。

宝轮寺 龙隐之地

宝轮寺位于重庆市磁器口镇，和古镇一样，拥有上千年的历史。古寺地理位置优越，背倚白岩山，面朝滚滚的嘉陵江，依山傍水，可谓得风得水。宝轮寺还有一个不为人知的名字——龙隐寺。据说明朝的建文皇帝朱允炆在逃脱其叔燕王朱棣追杀时，曾经辗转到磁器口，并在此居住，因此寺庙又被称为龙隐寺。原先在古寺的大门门楣上还有“龙隐禅院”的匾额，后来不知怎么被毁坏，然而古镇却被称为了龙隐镇。

据当地的县志记载，宝轮寺大约修建于宋真宗咸平年间，但也有民间传说寺庙是由唐朝时期著名的尉迟恭兴建，更有说是建于西魏时期，不管怎样，古寺至少已有 1000 年的历史。

气势恢宏的大雄宝殿，建造精细，很有气势。

旅游小贴士

地理位置：重庆市沙坪坝区

最佳季节：四季皆宜

开放时间：全天开放

旅游景点：磁器口古镇、大雄宝殿、天王殿、药王殿、观音阁

宝轮寺内的文财神像和武财神像。

宝轮寺的规模较大，占地范围极广，从白岩经过马鞍山直至董家桥，连绵的巍峨建筑，鎏金涂抹的佛像，极为壮观。建文帝曾在此隐居更加增添寺庙的皇家气派，在青山茂林的映衬下，庙宇相连，香火袅袅。由于明末战火和抗战时期日军的轰炸，很多寺庙和佛像被毁坏，如今还保存有大雄宝殿、观音阁、天王殿、药王殿、藏经楼和禅房等建筑，规模依然宏伟。

从远处看宝轮寺，棱角飞檐，斑驳的瓦顶没有什么异样，但是经过耀眼的光线照射之后犹如一道彩虹横跨在宝轮寺的上空。要是在春秋季节的清晨，嘉陵江上弥漫的水雾笼罩着宝轮寺，在虚实缥缈中，宝轮寺越发神秘。从白岩山上俯瞰整个宝轮寺，在阳光照射下，佛光闪闪，深红的佛墙建筑异常耀眼。

宝轮寺的山门矗立，门后紧跟着陡立的石阶。

大雄宝殿是寺庙的主殿，原有一尊清代时期的释迦牟尼塑像，身躯高大，面容微妙，身披金丝袈裟，显得伟岸肃穆，偶有信众来此跪拜敬香。雕刻精美的塑像显示出当时高超的雕琢工艺。大雄宝殿最为神奇的是直立挺拔的殿柱，殿柱是由马桑木经过雕琢而成，每根的直径都有 0.3 米长，要两个人合抱才能围住。或许是为映衬龙隐寺这样的名字，柱子上雕刻有盘龙，张牙舞爪，非常有气势。在两个柱子下有两块基石，一个凸出地面，一个凹陷地下，虽地势不平，却无倾斜之势，可谓匠心独运，巧夺天工。在佛像的前面还有一口井，被称为放生井，井底幽深，与嘉陵江边的九石缸相连。九石缸的来源还有一个民间传说，据说在大雄宝殿下面有一个储存室，内部储存的米，是为战乱时躲避灾害准备的，后来一个贪婪的僧人想把米偷出去卖了，谁知米却顺着九石缸流进了嘉陵江里面。

慈航普渡里供奉着千手观音像。

在宝轮寺至今还保留有放生的习俗，人们会把买来的各种鱼虾、乌龟放入放生井中，然后顺着九石缸流入嘉陵江中。

崇圣寺 巍巍佛都

崇圣寺始建于唐开元年间，经过历朝历代的扩建，直至宋代达到了鼎盛时期，规模庞大，气势恢宏，享有“佛都”之美誉。作为南诏古国、大理古国时期的皇家国寺和政教中心，崇圣寺如今已经是佛门最壮观的寺院之一，同样也是东南亚最大的一个皇家寺院。

崇圣寺背靠苍山，聆听洱海潮声，在湖光山色映衬下，端庄雄伟却不失秀美典雅。飞檐翘角、雕梁画栋的楼阁庙宇，挺拔俊秀、古朴典雅的著名三塔，端庄肃穆、高大雄伟的佛像，崇圣寺以其独特的风姿，吸引着四面八方的游客。

旅游小贴士

地理位置：云南省大理市

最佳季节：春秋季

开放时间：08:00 ~ 19:00

旅游景点：崇圣寺三塔、大鹏金翅鸟广场、南诏建极大钟、雨铜观音殿

琉璃瓦顶灿灿生辉，飞檐斗拱精美绝伦，常常有祥云环绕，久久不散。

来到崇圣寺，站在大门前方的广场上，只见双面大鹏金翅鸟展翅欲飞，它是以三塔出土文物金翅鸟为蓝本创作而成。大鹏金翅鸟站在莲花台上，金灿灿的羽毛十分耀眼，头顶上的羽冠精美，栩栩如生。整件雕像为铜铸贴金，远远望去，金碧辉煌的金翅鸟斗志昂扬。

放眼望去，苍山下的大理三塔雄浑壮丽、气势雄伟，崇圣寺的三塔由一大二小 3 座佛塔组成，建于唐代南诏国时期，造型与小雁塔一样，均为密檐式塔，塔身内壁垂直贯通上下，设有木质楼梯。主塔又被称为千寻塔，当地人也称为“文笔塔”，通高近 70 米，底部方形有 10 米，共 16 级。与千寻塔毗邻的南北小塔均高 42 米，十级层层抬升。千寻塔与南北两座小塔的距离均为 70 米，呈三足鼎立，千寻塔居中，两小塔南北对峙，仿佛臣子侍立左右，与主塔浑然一体，在塔下仰望，好似擎天玉柱，直插云端，与远处的苍山、洱海共同点缀出大理古城的风韵。

崇圣寺三塔，是我国西南最古老雄浑的建筑之一，迄今已有千余年的历史，历经岁月的沧桑与风雨的洗礼，仍旧巍然高耸。大理三塔不仅是大理的标志，云南古代历史文化的象征，更是劳动人民智慧的结晶。

崇圣寺三塔是大理的标志，由一大二小组成，大塔又名千寻塔，高近 70 米。

高阁前流水潺潺，两侧配殿左右对称，中央巍巍殿宇重檐红墙更是气魄逼人。

佛教传入南诏以后，有了长足的发展。当时，观音是大理地区最受欢迎的，崇圣寺之“圣”便为观音。寺中建有十一观音殿、阿嵯耶观音阁、雨铜观音殿等。寺中的雨铜观音殿，里面供奉着雨铜观音，这座观音像是现在云南最大、最高的室内观音像，其原铸于南诏建极时期，不幸在动乱时期被毁，后根据清末遗存照片复制而成，高近 9 米，加上莲花座和须弥座，总高 12 米多。莲花座与观音像为铜像贴金，有大理男身女相的特点，是南诏中、晚期大理地区男性观音向女性观音过渡时期的造像。

除此之外，崇圣寺的主轴线上依次还建有山门、护法殿、弥勒殿、大雄宝殿、山海大观石牌坊、观海楼。与中轴线平行，法物流通处、方丈堂、客堂、斋堂、罗汉堂等依次排开。建筑群层次分明，错落有致，不仅雄伟，而且充满了民族色彩。寺院里建筑与绿化景观结合，古典又清新，佛教氛围浓郁，堪称现代寺院的上乘之作。

崇圣寺的皇家气派是无可比拟的，站在寺院中，亲眼看到每一处建筑，才能真切感受到逝去的只是尘埃中的繁华，而炽热的虔诚却是永恒的。

神像双目圆睁，浓眉云卷，手中高举着金圈，倚门而立，斥退妖魔鬼怪。

正觉寺 深林幽境

大殿密密的瓦顶之下，斗拱精妙，梁上彩绘天画无不使人叹服。

昆明西山的正觉寺常常听人提起，那是一座幽静闲适的古寺，还没有走进寺院，在山林间的古道上就已经感觉到了几分禅意。几乎很少有人询问正觉寺的“前世今生”，这座寺庙总是保持着淡泊名利的秉性，隐藏在山林深处，像一株立在岩壁上的老松，像一枚浮在溪流中的红枫。

经一路的跋涉，来到正觉寺门前，脚下一条条石铺成的宽道，笔直通向门首，道路两侧是花坛，丛草墨绿，生机勃勃。慢慢前行，停在门前的石阶上仰望门楼，只见檐顶分成两层，但并不是上下垂直重叠在一起，而是前后错开，上层檐顶正好落在下顶的前坡上，好像一只刚着陆的鹊鸟，翅膀还未来得及收回，微微翘起。两座屋顶的正脊都漆成了朱红色，鸱吻直刺云霄，密密的青瓦带有一抹淡淡的浅绿色，不知是附在上面的青苔，还是周围林木反射的光。檐下匾额宽大，四条边上金龙浮雕栩栩如生，呈现出一片祥瑞气象，赤红的匾上，“正觉寺”三字熠熠生辉，廊前一对红柱陪红联，中间高挂一对红灯笼，四周灰瓦墙头掩着红墙，可谓是喜气洋洋。

跨过门槛，眼前的景观只有一座影壁，完全继承我国传统建筑中的含蓄内敛。仔细一看，这可不是一般普通的影壁，而是“九龙壁”，绿瓦低檐下，影壁中央的主图中，怒涛卷霜雪，一片浩瀚汪洋，浪里9条蛟龙金爪狂舞，有入水沉海的，也有腾空驾云的，还有回身摆尾的，更有迎风吟啸的，千姿百态，惟妙惟肖。九龙壁后古木参天，清幽寂静，忽有风声穿过树梢，鸟鸣声中仿佛夹杂着些许铃声，不禁沿着石路前去寻找，走过几处红墙转角，抬头看去，宫阙楼台的檐梢上坠挂着许多铜制的铃铛，铜铃造型美观，山风一起，又清脆地响成了一片，在院子里回荡。

来到院落中，色彩完全被楼阁吸走了，面前这一座分上下两层，二楼是藏经楼，下面是纪念堂，密密的瓦顶之下，斗拱精妙，梁上彩绘天画无不使人叹服。走近窗前一看，更是惊奇万分，朱漆的窗扇上皆是木刻浮雕，画面色泽明艳照人，内容中的佛教故事同样引人入胜。

继续游览就能发现一座藏在寺院深处的白塔，白塔矗立在一处石砌的高台上，四周汉白玉石栏杆围绕，又有石阶可以登到塔前。站在台上，白塔巍巍耸立，与一片翠绿的山色形成了鲜明的对比，显得更让人仰慕，仿佛塔中的高僧依然还在这层层密林里，守护着一方净土。远看四方，缭绕的山雾时聚时散，山影明明灭灭，原来那吹过树叶的风只是心念的一次颤动。

九龙壁中怒涛卷霜雪，一片浩瀚汪洋，浪里 9 条蛟龙金爪狂舞，千姿百态，惟妙惟肖。

白塔巍巍耸立，格外突出，又与一片翠绿的山色融为一体。

画面色泽明艳照人，内容中的佛教故事同样引人入胜。

旅游小贴士

地理位置： 云南省昆明市

最佳季节： 春秋季

开放时间： 08:00 ~ 17:30

旅游景点： 九龙壁、白塔、虚云禅师展厅

华亭寺 深山古寺

华亭寺地处昆明西山的半山腰，是修建于 14 世纪初大理国时期的寺庙。寺庙历经近 700 年的沧桑，在不断的毁坏、重建过程中轮回，最近一次重建是在清末光绪年间，由于规模不大，后来又加以拓建，形成了现在的庞大规模。

由于寺庙位于西山森林公园中心，自然景色最为优美。这里虽是山麓，却也地势平坦，植被茂密，青山绿树，蜿蜒的小径盘旋，有曲径通幽的意境，很是雅致。从山下沿着曲折的小路踱步而上，穿梭在茂林修竹之间，满目的苍翠，偶有几声鸟鸣在耳边响起，清脆响亮。要是在秋季，景色大不相同，是时林木花草色彩缤纷，五彩斑斓，好像置身于色彩的世界。一步步拾级而上，呼吸着新鲜的空气，虽还没有看见寺庙，也顿觉神清气爽。

建造精美的云楼，飞檐翘角，非常气派。

来到半山腰，首先映入眼帘的是一座规模宏伟的三层大殿，庙宇恢宏，很是气派。寺庙依山就势，面朝东方，这和中原传统的面朝南方的建造格局大不相同，虽被地理因素限制，却也是华亭寺的另类风貌。重修后的寺庙面积广阔，整体布局呈长方形分布，左右对称，南北层层递进，形成四周封闭的格局构造。寺庙傍依山峦，紧靠滇池，群山起伏，苍茫一色，寺庙门口那首“一水抱城西，烟霭有无，挂杖僧归苍茫外；群峰朝阁下，雨晴浓淡，倚栏人在画图中”的对联形象描绘出了深山藏古寺的意境。

藏经楼中藏经量丰富，具有极高的研究价值。

跨过一座3层多高的钟楼就进入了寺庙。钟楼是寺庙的门户，也是寺庙的标志建筑。整个钟楼飞檐棱角，雕琢细腻，在挺拔古树的树荫下更显得古朴，钟楼上还悬挂着“绕寺千章，松苍竹翠；出门一笑，海阔天空”的对联，很有意思。转过身就是一方宽阔的放生池，池内游鱼嬉戏，每当夏日荷花盛开，别有一种趣味。

庭院中环境清幽，池塘里的绿水如同翡翠一般。

放生池对面就是天王宝殿，雄伟壮丽，门前两侧各有青狮白象镇守。著名的哼哈二将手执降魔棒和荡魔杵骑跨在碧眼金精兽上，怒目圆睁，威猛雄壮。殿内供奉有护法神韦驮和四大天王的塑像，神态威猛，雕琢精美，有着很高的艺术价值。在天王殿外面还有一个两层的小院，小巧玲珑。一层的院内有功德池和雕刻有莲花的小石桥，新颖别致，充满韵味。四周是遍植的花草，生机盎然。二层的院内有一个巨大的香炉竖立在院中，香火不断，香烟袅袅。

工艺精湛的香炉，后有盘起的龙像。

大雄宝殿是寺庙中最大的一座殿宇，斗拱飞檐，金碧辉煌。门前有对联：“松声竹声钟磬声声声自在；山色水色烟霞色色色皆空”，前檐上还悬挂着各种饱含禅意的匾额。走进殿内，经幡轻舞，佛香阵阵，正中供奉着5尊高丈许的巨大佛像，从中间的释迦牟尼佛向两侧分别是佛祖弟子迦叶和阿难以及药师佛和阿弥陀佛，周围四壁上还有五百罗汉，容貌清楚，千姿百态，栩栩如生。整座殿宇在浑厚的钟声中好似真的西方极乐，庄严恢宏，引人膜拜。在大雄宝殿外还有祖堂、僧堂、方丈室、经堂等诸多配套建筑。其中最高大的是藏经楼，建筑精美，色彩鲜艳。

参观完全寺之后，你除了惊叹那些恢宏的建筑，对这句“到此作甚”的门匾也一定疑惑不已吧，不知悬挂于此的门匾代表着何种含义，又诉说着哪种禅意?

旅游小贴士

地理位置： 云南省昆明市

最佳季节： 四季皆宜

开放时间： 08:00 ~ 17:30

旅游景点： 天王殿、大雄宝殿、西山森林公园

圆通寺 水院佛寺

坐落在昆明市圆通街的圆通寺历史悠久，是中国最早的观音寺，在东南亚一带久负盛名。作为昆明市最大的寺院，圆通寺已经屹立了 1200 多年，从唐朝南诏时期的“补陀罗寺”到元代重建为“圆通寺”，饱经沧桑，历久弥新。在这里，佛教宗派支流汇聚，文化交融，令人叹为观止。

圆通街从寺院门前经过，圆通寺背靠圆通山，身处闹市，然而螺峰山的景致营造了一处宝地，正是僧侣潜心修佛的一方净土。庭院中楼阁错落有致，布局精巧，层次分明，给人以极高的审美艺术享受，水院佛寺更是匠心独运，风味别致，仿佛一座江南园林的景象，使人倍感惊奇。

地处云南，圆通寺中的绿色植物种类繁多，同样具有很高的欣赏价值。

离开热闹的圆通街，来到寺院，穿山门而入，和以往的寺庙不同，由于其地处五华山和圆通山之间的谷地，所以地势慢慢下沉，人顺缓坡下行，这种“倒坡寺”在我国传统寺庙建筑布局中极为罕见，令人称奇。不远处便是圆通胜境坊，高耸挺拔，造型精美，游人常在此处拍照留念，继续前进，过了天王殿，放生池旁假山兀立，怪石嶙峋，水榭回廊穿行在院落之中，葱郁的树木映入池水，碧波荡漾，水中游鱼自由自在，池上白桥连接着大殿与八角亭，亭中供奉着观音菩萨，与背后的“圆通宝殿”相配，浑然一体，美如画卷，难怪历代文人墨客都愿意在此留下诗作，这就是昆明八景之一的“螺峰叠翠”。

圆通宝殿雄伟壮丽，殿前长桥卧波，四周古木丛生，幽静而素雅。

从八角亭走过石桥，圆通宝殿映入眼帘。圆通宝殿前身为“大雄宝殿”，与众不同的是以观音殿供奉如来佛，世间罕有。圆通宝殿是圆通寺的核心，面阔七间，重檐歇山式屋顶，气势恢宏，蔚为壮观。遥遥望去，屋顶上的琉璃瓦密如鱼鳞，在阳光下色彩斑斓，光艳照人，飞檐外展好似羽翼腾飞一般，檐下斗拱精致，雕花浮屠令人眼花缭乱，应接不暇。登堂入室，观音侍童散财童子和龙女在殿前迎客，殿上佛祖正坐，双目微闭，神情平和，忘却了一切红尘俗世的纷扰。两侧龙柱耸立，左青右黄，两条游龙盘在柱上，高约10米，栩栩如生，香烟缭绕，仿佛立刻腾云而去，据说此龙柱为明建文帝朱允汶“靖难之变”后躲避云南，出家为僧与佛结缘的佐证，含蓄地表达了天子与佛的这层关系。举目四顾，各位佛陀、菩萨、罗汉以及道教众仙共聚一堂，环列大殿，千姿百态，格外壮观，大抵有些宗教文化融合的意思。

圆通寺的信众遍布各地，来往上香许愿，络绎不绝，因而寺中常常云雾缭绕，宛如仙境。

除此之外，铜佛殿不可不去。作为目前我国内地独一无二的一座上座部佛教佛殿，铜佛殿中的铜制佛祖坐像名声显赫。大佛3.5米高，4000千克重，雕刻技艺精湛，美轮美奂。4幅彩画高悬堂上，画中描绘了释迦牟尼出家、成道、初转法轮、涅槃的内容。

除此之外，寺院中的名胜古迹还有摩崖绝壁、潮音洞、咒蛟台等。圆通寺的美景数不完，也写不完，只等着你来慢慢地欣赏和品味。

旅游小贴士

地理位置：云南省昆明市

最佳季节：四季皆宜

开放时间：08:00 ~ 17:30

旅游景点：圆通胜境坊、圆通宝殿、八角亭

勐泐大佛寺 独特的南传佛寺

提起西双版纳，人们首先想到的一定是优美的自然风景以及独特的民俗风情。而实际上在西双版纳，不仅有着旖旎的风光，还有着宏伟的寺庙和深厚的佛教文化，其中勐泐大佛寺就是代表。

勐泐大佛寺历史悠久，其前身是修建于明代的景飘佛寺。自其建立伊始，寺庙就以庞大的规模、精致的建筑成为南传佛教中著名的 12 座建筑之一，是举行各种佛教仪式的场所。寺庙虽然地处遥远的边陲，深藏在西双版纳之中，依然避免不了战火的毁坏，在 1848 年被毁后寺庙遗址荒芜，直至 2005 年才开始重修。重修后的勐泐大佛寺金碧辉煌，雕琢精美，体现着南传佛教和当地传统的历史文化。

风格新颖的寺庙建筑，好像展翅的凤凰。

勐泐大佛寺依照山势而建，高低错落的建筑组成坐佛的形状，布局新颖独特，是我国佛寺建筑所独有的。整个建筑沿着佛祖的生平事迹进行建造，从低处延伸到高处，高低落差达到 123 米，站在最高处俯瞰，可以遍览西双版纳的景色。

长廊沿墙壁延伸，廊檐下雕刻非常精美。

在西双版纳，南传佛教影响深远，不仅寺庙的建筑具有独特的风格，就连居民的生活中都充满着南传佛教的色彩。如今在西双版纳有寺庙 500 多座，佛塔 200 多座，可以说是西南地区寺庙群最多的地区。在这里，很多傣族人家的男孩在幼年时会被送到寺庙里学习佛经，大约 3 ~ 4 年之后还俗回家。此外像著名的泼水节等节日里，傣家人一般都会到佛寺里祈福还愿。佛寺与人们的生活息息相关，成为不可缺少的部分。

勐泐大佛寺的构造很是独特，充满异域色彩，一走进去就好像置身于东南亚的寺庙之中。佛殿的建筑千姿百态，棱角飞檐，各种雕饰精美华丽，好似一只展翅的凤凰。

塑像色彩鲜艳，风格独特。

景飘大殿是整个寺庙的主殿，是在景飘大殿原址上修建而成。整个大殿高 35 米，长宽各有 50 米和 30 米，规模宏大。外形似方形，依西面东，中间高、两侧低，屋顶是三层的坡面累叠而成，上面装饰有方形的瓦片，四周檐角装有瓦饰，造型新颖。大殿内供奉的是释迦牟尼佛，佛像身材俊秀，面容清瘦，最为瞩目的是其又大又宽的耳朵，他双手放于膝上，端庄而坐，充满神秘的气息。

勐泐大佛寺依山而建，在青山绿树的映衬下巍峨壮观。

旅游小贴士

地理位置：云南省西双版纳

最佳季节：四季皆宜

开放时间：08:00 ~ 20:00

旅游景点：景飘大殿、吉祥大佛、万佛殿、西双版纳景区

在勐泐大佛寺，各种门亭也别具一格。这些门亭是进出佛寺或佛塔的出入口，利用直角的人字形屋顶相互连接形成一个门亭的结构，这种只有柱子支撑，沟通四方的通道布局巧妙，方便了游人的进出，具有鲜明的傣式建筑风格。

漫步在寺庙中，最引人注目的莫过于那尊巨大的吉祥大佛。大佛身高 49 米，取意于佛祖修炼 49 天得道，重 400000 多千克，全身涂有金粉，在阳光下金光闪闪。倾斜的佛祖微眯着双眼注视着远方，整个西双版纳似乎都被纳入那双看透一切的双眸里。

在大佛基座两侧 29 级的台阶上伫立着 80 尊小型的罗汉雕像，这些各不相同的雕像有一个共同之处就是每个手里都捧有一个石钵。之所以建造这样特殊的景致，是因为八十罗汉手托石钵漫游四方传扬佛法的典故。在这里还有一个有趣的体验，你要是能在这 80 尊罗汉里找到一个和自己面容相似的，就代表着与该罗汉有缘。大佛下是万佛殿，里面供奉有 9999 座佛像，与大佛一起组成万佛，有“万佛朝宗，九九归一”的说法。

勐泐大佛寺恢宏大气，在自然风光的衬托下，绿色与金色在此交相辉映，更添西双版纳斑斓的色彩。

装饰精美的屋顶，金碧辉煌。

铜瓦殿 云山金顶

铜瓦殿又称铜佛殿，位于云南省宾川县内的鸡足山顶，因此又被称为金顶寺，山巅风骤，气温较低，所以庙宇都用铜瓦遮顶，金光闪闪，十分壮观，因而远近闻名。该寺始建于明朝正统年间，寺中原来有一座铜佛殿，然而已经在动乱时被毁，实为可惜。

带着历史的记忆，一步步踩着石阶走上鸡足山顶，海拔 3248 米的高度使人离天空更近了一些。铜瓦殿在山门、三光殿、大殿、楞严塔等原有建筑的基础上，现在又增加了多间厢房，使寺院的规模有了新的扩展。走到寺院门口，仰面望去，碧蓝的天空下，殿阁林立，楼宇簇拥在一起，但层次落差分明，呈现出来的整体感更加宏伟，气势磅礴。青色的瓦铺成的屋顶更加古朴自然，微翘的飞檐带有灵动的美，屋脊上的彩绘正好凸现出来，精致美观，明艳照人。檐下红墙，引人注目，前面门楼高高耸起，正中间一座檐角张开，好似腾飞之势，斗拱层层，密密交织，色彩斑斓，下层分在左右，相互对称，蔚为壮观。门楼前两侧汉白玉石栏围着，留出一排石阶伸出庙门，喜迎来宾。

旅游小贴士

地理位置：云南省大理市

最佳季节：四季皆宜

开放时间：07:00 ~ 17:00

旅游景点：山门、三光殿、大殿、楞严塔

经过门洞，来到寺院当中，香烟袅袅，有一种宁静的气氛。扶着雕花的石柱、栏杆，漫步在楼阁间，只觉得心中的烦躁都已经抛到了九霄云外。穿过回廊，灿灿金光从一座殿宇上铺满你的视野，这就是金顶。金顶是一座重檐的楼阁，方正端庄，金色的屋顶，金色的墙壁，金色的柱子，没有一点杂色，雍容华贵，一派富贵之象。屋顶线条流畅，细瓦如同水面上泛起的波浪一样，屋脊两端的鸱吻相对，8 个檐角上各种吉祥的瑞兽和饰物，雕刻精妙，栩栩如生，梢头悬有 8 只铜铃铛，山风吹过，声音清脆悠远。

金顶背后的楞严塔一柱擎天，塔身洁白如玉，笔直挺拔，站在远处望塔，翻滚的云海中潮来潮去，拍打着悬崖绝壁，高顶之上楞严塔好像白衣飘飘的诗仙李白正在临风沉思。这座塔为密檐式方形砖塔，十三级高达 40 米，其中第二级上装有铁栏杆，站在台上，西瞰洱海，北望玉龙雪山，俯仰之间只觉天地辽阔，心胸宽广。

重檐屋顶徐徐展开，双檐居中的地方是镶金边的朱红匾额，“大雄宝殿”4 个大字格外醒目，熠熠生辉。

远看大雄宝殿，侧临绝壁悬崖，显得尤为壮观。山林树木葱郁一片，构成了天然的底色，天空湛蓝，薄云丝丝缕缕如纱，大殿宛如天上宫阙一般，气势恢宏。重檐屋顶徐徐展开，双檐居中的地方是镶金边的朱红匾额，“大雄宝殿”4 个大字格外醒目，熠熠生辉。屋顶之下，红墙外廊柱成行依次排列，从大殿两层绕进后院。殿前庭中宽敞，铜炉焚香，悠然闲适。

如果等到清晨时分，旭日东升，万道霞光突破云幕，明灭之间，寺院如梦初醒，黑夜与白昼的交替，让人感慨万千。梵音晨钟和鸣，云烟聚拢，僧人洗漱完毕，准备做早课，鸡足山金顶又将迎来新的一天。

楞严塔一柱擎天，塔身洁白如玉，笔直挺拔，站在远处望塔，翻滚的云海中潮来潮去，拍打着悬崖绝壁。

松赞林寺 小布达拉宫

云南境内最大的藏传佛教寺院便是松赞林寺，其素有“小布达拉宫”之称，在康区十分有名望，更是川滇地区具有崇高地位的黄教寺庙。松赞林寺又被称为归化寺，始建于1679年，耗时3年完成，现在已经发展成类似城镇一样的规模，极为壮观。

松林赞寺屹立在高原净土，每年的八月多就开始飘雪，相传寺庙选址是上天的旨意。五世达赖喇嘛曾占卜，得到这样的启示“林木深幽现清泉，天降金鹫嬉其间”，后来人们找到启示所指的地方就是今天的位置，寺院里的清泉和金鹲都得到印证。五世达赖喇嘛也亲自为寺院取名，即“松赞林寺”。

走进松赞林寺，屋舍之间的阶梯像一条长蛇游动爬行，一步步登上高处，走向朝天的路。

衬着蓝天和白云，松赞林寺的殿宇簇拥而来，磅礴的气势震撼人心。

远远望去，与山融为一体的松赞林寺殿阁绵延，随着山峦起伏变化，蔚为壮观。

松赞林寺就像一座藏族艺术的博物馆，无论是建筑、彩绘、雕刻，还是服饰、佛经、法器，都使人叹为观止。站在松赞林寺前面，抬头望去，只觉得这气势磅礴的庙宇像是一座城堡，高耸的外墙沿着山势起伏，围成了一个椭圆，高墙内楼宇层层叠起，蔚为壮观。进入寺院，阳光暖暖的，照在身上，也照在松赞林寺的土地上，灰白的墙壁褪色的地方有褐色的痕迹。窗户嵌在墙里，玻璃明晃晃的，十分耀眼。门上的帷幔厚重可以挡风，同样又精致美观，纹饰典雅，富有民族特色和宗教味道，上面与墙壁顶端相接，留出红褐色的宽带，仿佛为墙体绣上了花边一样。屋顶有平顶和尖顶之分，尖顶更为华丽，几乎都有经幢、双鹿、法轮等雕塑，金光万道，在蓝天白云下，更加耀眼。

寺中最高的建筑就是扎仓、吉康，那里是全寺的中心，更是朝圣者的天堂。转过几座楼阁，来到广场的尽头，穿进巷口，面前那条直直伸向高处的石阶马上就让人想起了泰山的“紧十八盘”，十分陡立，两边的屋舍跟着这条“登天”的路一层一层抬升。走上去，身旁的景色慢慢开始沉入眼底，抚摸着有些古旧的墙壁，突出的地方还有藏语刻写的经文，此时佛教的意境才走进你的思绪里，要不然你总以为还在古堡里漫游。

经历一段艰难的跋涉，五层藏式的殿阁终于可以触摸到了。扎仓和吉康作为寺院中的核心，八大康参、僧舍等建筑环列在周围，错落有致，形成了寺院的大致轮廓。扎仓大殿屋顶上，密密的镀金铜瓦鳞次栉比，檐角上翘，正脊上一对鸱吻光艳照人。走进大殿之中，仅仅 108 根柱子就让人瞠目结舌了，更不用说那两侧的万卷橱了，里面盛放的藏经浩如烟海，迎面正堂上，五世达赖铜像庄严肃穆，历代高僧的灵塔耸立。登上中层，诸神殿、护法殿、堪布室、静室、膳室等环列一周，纵深宽广，再往上走就到了顶层，那里是藏宝室，珍藏着达赖画像、经书、唐卡、法器等。

站在楼上，向窗外望去，红褐色的山坡上，白色的汉藏双语写成的巨型“松赞林寺”，格外醒目。

旅游小贴士

地理位置：云南省迪庆藏族自治州

最佳季节：四季皆宜

开放时间：08:00 ~ 18:00

旅游景点：诸神殿、护法殿、堪布室

扎什伦布寺 黄教圣寺

作为西藏日喀则地区最大的寺庙，扎什伦布寺便是尼色日山上最亮的一颗星，它散发着藏传佛教宗派信仰的光芒，与甘丹寺、色拉寺、哲蚌寺合称为格鲁派的“四大寺”，受到信众的匍匐朝拜，香火鼎盛。

扎什伦布寺又被称为“吉祥须弥寺”，全名“扎什伦布白吉德钦曲唐结勒南巴杰瓦林”，藏语译作汉语为“吉祥须弥聚福殊胜诸方州”。寺院建在尼色日山上，宫墙像游龙，随着山势的起伏绵延几千米，守护寺院的宁静。寺内建筑错落有致，紧密相连，分布着 57 间经堂，3000 多间房屋，气势恢宏，使人叹服。

步入寺院，碧蓝的晴空之下，远处的山峰变得更加俊秀，阳光闪耀的地方是扎什伦布寺殿宇的金顶，黄灿灿的，让人睁不开眼睛，红色的墙壁显得庄重而肃穆，磅礴的气势沿着屋脊层层抬升。院落中树木稀少，高大的建筑展露在天地之间，以一种粗犷的气概向世人彰显内心的坦荡与赤诚，香炉中烟气缭绕，袅袅升上云端，白塔兀立，几百多年来如同一盏明灯引领着迷途的僧侣找到朝拜的路。

旅游小贴士

地理位置： 西藏日喀则地区

最佳季节： 四季皆宜

开放时间： 09:00 ~ 17:00

旅游景点： 措钦大殿、大经堂、甲纳拉康、汉佛堂偏殿、强巴佛殿、灵塔

寺内建筑错落有致，紧密相连，分布着 57 间经堂，3000 多间房屋，气势恢宏，使人叹服。

漫步在寺中的大道上，来到措钦大殿，前面是 500 平方米的讲经场，这里是举行巨大盛会的地方，例如班禅讲经或者僧人辩经等。作为扎什伦布寺的主殿，它见证了这座寺庙的历史变迁，像一部泛黄的古卷，记载着岁月留下的痕迹，等待着来到这里的每一位游客翻阅。殿内宽敞明亮，可容纳 2000 多人，高台上释迦牟尼佛正坐，神态安详，大弟子侍奉一旁，两侧柱上，建寺人和四世班禅的雕像栩栩如生，宗喀巴师徒和 80 位高僧像环列四周，毕恭毕敬，静静地聆听佛祖的教诲。

接着来到寺院中最受人喜爱的大弥勒殿和历世班禅灵塔殿。满怀敬仰，走进寺院西侧的大弥勒殿，首先映入眼帘的一定是须弥座上的弥勒坐像，金光闪闪，高 30 米的殿阁中到处都是金灿灿的颜色。相传此佛像由九世班禅确吉尼玛主持铸造，高达 26.2 米，包含 115000 千克黄铜和 279 千克黄金，更有甚者，仅佛像的双眉就嵌有 1400 多颗钻石珍珠，举世罕见，使人叹为观止。毫无争议，这就是世界上最大的铜佛坐像。

历世班禅灵塔本来有 8 座，蔚为壮观，可惜 5 座皆毁于动乱时期，后来十世班禅大师将五至九世班禅合葬在灵殿内，取名“扎什南捷”，即吉祥天国的意思。仰望灵塔，常年不熄的酥油灯在风中摇曳，珍珠和玉石泛着温润的光，塔身变得耀眼夺目，色彩斑斓。

扎什伦布寺是读不完的书，当你走进寺院的那一刻起，你将慢慢地被这里的炽热所融化，变成一座高耸的旗幡，一棵遮阴的老树，一块铺路的石板，一串僧侣的念珠。

来到措钦大殿，前面是 500 平方米的讲经场，这里是举行巨大盛会的地方。

白居寺 十万佛塔宝地

白居寺位于西藏自治区日喀则地区的江孜县，一个被称为“英雄城”的地方。在藏语中，白居寺被称为“班廓曲德”，是“吉祥轮大乐寺”的意思。寺庙建于明朝宣德年间，距今有近600年的历史，是由江灵敏度法王和第一世班禅共同主持修建，耗时10年完成，规模宏大。

白居寺在西藏寺庙中有着特殊的地位，它是一座三大教派和平共存的寺庙，每个教派都能在寺庙中拥有加仓。三大教派能够在各个教派相互斗争、分庭抗礼的情况下和平共存，不得不说是一个奇迹，因此该寺在西藏佛教历史上有着重要的影响力。

白居塔又称十万佛塔，是白居寺最为著名的建筑。

寺庙在建筑风格上是一座塔寺结合的寺院建筑，塔寺相辅相成，寺中有塔，塔中有寺，在藏传佛教中极为典型。这样的建造风格充分体现了 14 世纪藏族地区的寺庙建筑风格，有着重要的研究价值。如今寺庙是目前唯一保存较为完整的寺塔建筑，有“西藏塔王”之称，也是唯一的一座汇聚建筑、雕塑和绘画风格于一体的宗教艺术博物馆。

每年的藏历四月十五日，白居寺都会在展佛台举行展佛仪式，这几乎是西藏寺庙的传统。

在白居寺最有名的莫过于白居塔了，白居寺正因此而得名。白居塔有“十万佛塔”的美誉，是目前西藏地区保存最为完整的佛塔，也是建筑规模最为雄伟的寺庙。佛塔占地面积广阔，是一座高 40 多米的九层巨大建筑，主要有塔基、塔腹、覆盆和塔幢四部分组成。塔基是四面八角形的台基，共有 5 层，层层缩减，整体风格新颖别致，线条明快，不失寺院的庄重肃穆。在塔基上是圆形的塔瓶，塔瓶中部是一个小佛殿，最引人注目的是门楣上绘有巨大的湿婆神的慧眼，绘刻细腻，充满神秘。在塔顶是锥形的十三天，由铜皮包裹而成，在阳光下闪耀着金光。

金光闪闪的金幢和样式独特的白塔交相辉映，有着藏式寺庙的典型风格。

整座佛塔上大下小，由底层往上层层缩小，70 多个佛殿就隐藏在这巍巍的佛塔内。每层佛塔的风格和供奉的佛像各不相同，其中六层供奉的是三世佛，面容恬静，庄重肃穆。五层以下多是怒目圆睁的护法金刚，泥塑的雕像经过色彩的绘就显得凶神恶煞。除了雕像，佛殿内的浮雕装饰也是异常精美，雄壮的大象、威武的雄狮、缥缈的飞龙等在门楣、梁柱上若隐若现。

白居寺的壁画也非常有名。壁画主要集中在白居塔内，佛塔内 67 间大大小小的佛堂内绘满了各色壁画，其在我国壁画史上有着举足轻重的作用。这些壁画笔法细腻，造型丰富，色彩浓烈，庄重而又精美，可以说是 14 世纪左右藏传佛教绘画艺术的经典之作，堪称壁画艺术的宝库，有着极其重要的文物和艺术价值。

壁画是白居寺的代表，色彩艳丽，内容丰富。

旅游小贴士

地理位置： 西藏日喀则地区

最佳季节： 四季皆宜

开放时间： 09:00 ~ 19:00

旅游景点： 白居塔、措钦大殿、扎仓、壁画

大昭寺 拉萨市中心的寺庙

“日光城”拉萨是喇嘛教的圣地，布达拉宫和大昭寺便是拉萨的“双子星”。

到拉萨旅游，参观布达拉宫，大昭寺是绝不能少的旅程。尽管布达拉宫闻名遐迩，但大昭寺也不遑多让。庄严肃穆的古寺慢慢在袅袅升起的香火中露出神秘的尊容，一个美丽的故事就在你面前展开了。

站在大昭寺门前，庄严绚丽，金碧辉煌，所有的形容词似乎都可以应用得上。大昭寺，又名“祖拉康”“觉康”，藏语意为佛殿。建筑始建于 647 年，后历经元、明、清历朝屡次修改扩建，才形成了现今的规模。作为西藏现存最辉煌的吐蕃时期建筑，也是西藏最早的土木结构建筑，大昭寺主殿三层，在主殿的顶部有独具一格的金顶，在阳光的照耀下光彩夺目。

在大昭寺门前的小广场上有一块 3 米多高的石碑，这就是著名的唐蕃会盟碑，碑上藏汉双文题刻均是唐朝人的笔迹。当时的赞普赤德祖赞为表示唐蕃人民世代友好之诚心，在大昭寺门前立此石碑表明心迹，碑文朴实无华，却又言辞恳切，虽然如今的石碑风化受损，大多数碑文仍清晰可辨，记录着那段“蜜月时期”。

大昭寺融合了藏、唐、尼泊尔、印度的建筑风格，是藏式宗教建筑的典范，各个布局、结构都与汉式佛教建筑大相径庭。大昭寺主殿坐东面西，两侧列有配殿，寺院内的佛殿主要有释迦牟尼殿、宗喀巴大师殿、松赞干布殿、班旦拉姆殿等。沿正门而进的天井式院落是藏传佛教中“格西”的产生地。“格西”是藏传佛教中的高级学位，相当于博士。在院落的东侧，长明不灭的酥油灯承接着各家各户的香火。

旅游小贴士

地理位置：西藏拉萨市

最佳季节：3 ~ 10 月

开放时间：09:00 ~ 18:00

旅游景点：释迦牟尼殿、宗喀巴大师殿、松赞干布殿

四周楼阁围绕，留出来宁静的院落，院中草色青青，各色的小花次第开放。

蓝天下的寺庙金碧辉煌，金色的屋顶映照着阳光，犹如佛光四射。

屋檐前端密密麻麻雕满了佛像，四边都是精美的纹饰。

大昭寺的主殿是有 1400 多年历史的建筑，千百年来，无数虔诚的人们在此顶礼膜拜，如今殿内的地板光亮如镜。左右两侧各有一尊巨大的佛像，左侧是红教创始人密宗大师莲花生，右侧是未来佛，佛像栩栩如生，雕刻技艺极具藏族风格。除了佛像自然少不了壁画，沿回廊两侧的墙壁上，都绘有壁画，被称作“千佛廊”，描绘的都是佛教传说、吐蕃历史。

漫步在寺内，佛塔、佛像、壁画精美无比，那些精湛的雕琢技艺虽历经千年，但仍使人心生赞叹。

趁着斜阳，回望大昭寺，阳光的温度慢慢下降，晚霞开始从天边的云层走来，湛蓝的天空放低了姿势，依靠在远处的雪山上一样。屋顶上的金轮，光艳迷人，好像散发着缕缕佛光，经幡在风中舞动，一切都在等待夜的降临。

廊柱林立，顶上呈宝蓝色，地上铺着石砖，漫步廊中，可看院中景色，可赏墙上彩画。

色拉寺 拉萨著名的辩经圣地

色拉寺全称为“色拉大乘寺”，坐落在拉萨北郊的色拉乌孜山，四周庙宇如同众星捧月一般，历来受到人们的推崇，与哲蚌寺、甘丹寺合称拉萨三大寺。色拉寺隶属藏传佛教格鲁派，由黄教创建者宗喀巴的弟子绛钦却杰始建于明朝永乐年间，寺中至今保存着绛钦却杰受封大慈法王后带回的御赐经像，尤为珍贵。

“色拉”一名的由来说法不一，一说来自冰雹，相传寺庙建立的时候遇上了一场猛烈的冰雹，而“冰雹”的藏语发音即是“色拉”，所以为寺取名“色拉寺”；一说来自蔷薇，据说寺庙建在野蔷薇开放的土地上，而且“野蔷薇”的藏语发音也是“色拉”，因此产生了“色拉寺”，孰对孰错，已经无法考究了，但是美丽的故事却为色拉寺蒙上了一层神秘的轻纱，耐人寻味。

门楼宽敞，留出通道容来客行走出入，门廊上的图纹细腻漂亮，令人不禁驻足观看。

寺院由原先的麦扎仓、阿巴扎仓为基础建筑，经过历朝历代的重修扩建，如今规模宏大，再加上措钦大殿、吉扎仓和 32 个康村等部分，色拉寺基本上可与一座城镇相提并论，浓郁的宗教文化和藏族特色一起充斥在这里，构成了其令人神往的高原佛国风情。

来到色拉寺，万尊金刚佛像受人仰慕，“马头明王”像更是闻名遐迩，经堂大殿中，大量彩色壁画技艺精湛，具有极高的观赏价值，你可以从中窥探到藏传佛教的一角。此外措钦大殿中珍藏的 105 函《甘珠尔》经书，乃是明成祖赐予释迦也失的圣物，作为我国第一部藏文印刷佛经版本，其历史地位不可动摇，这些都是色拉寺崇高的真实写照。

寺院殿阁外墙主体为白色，檐前窗户等都用绸布遮盖，显得越发肃穆。

双鹿听经像。

向寺中东北行走，辽阔的广场背后就是措钦大殿。远远望去，蓝天的映衬下，大经堂和 5 间佛殿蔚为壮观，堂前双排的廊柱依次排开，外壁上彩绘色彩明艳，精美绝伦。跨过前门，进入经堂之中，约 2000 平方米的堂上方柱林立，中央长柱直抵顶上天井，阳光照进堂内，一片明媚景象。经堂后面，大威德殿与罗汉殿守护两边，强巴佛殿居于正中，殿内双狮须弥座上接仰莲，强巴佛鎏金铜像站在台上，手转法轮印，神情祥和，背后神鸟、摩羯鱼、龙女等雕刻栩栩如生，精巧美观。看向两边，八大菩萨彩塑和两尊忿怒神神像并立，神情各异，姿态万千，颜色变化引人注目。转入罗汉殿，十六罗汉和四大天王簇拥着释迦牟尼佛像，气势凌人，彩绘色彩艳丽，使人眼花缭乱。升上二层，慈悲殿与僧舍相配，强巴面容佛殿占据首位，强巴塑像身旁贡如坚赞桑布灵塔和杰第曲吉村灵塔昂首挺立。继续上攀，三四层主要为居室、经堂和“喇吉”，第四层直通歇山式金顶，隔着窗口俯瞰，寺院的景色尽在眼底。

站在高处，视野之中，色拉寺最大的经堂吉扎仓雄踞一方，宝顶屋檐在阳光下光芒四射，西边护法神殿静静站立，享受着夕阳的温暖，其他经舍楼阁在一片雾气中只留下暗淡的轮廓，灯火初升的地方，梵音回荡……

旅游小贴士

地理位置：西藏拉萨市

最佳季节：四季皆宜

开放时间：07:00 ~ 17:00

旅游景点：措钦大殿、护法神殿、吉扎仓、麦扎仓

哲蚌寺 庄严的寺庙

哲蚌寺始建于明代永乐年间，与甘丹寺、色拉寺并称拉萨三大寺，它是格鲁派中最崇高的寺院，也是藏传佛教中最大的寺庙，名声显赫。哲蚌寺坐落在拉萨郊外的根培乌山上，依靠山势，占地约 20 万平方米，七大僧院分布于寺内，气势恢宏，蔚为壮观。

该寺由格鲁派创始人宗喀巴的弟子绛央曲杰扎西班丹主持兴建，明清时期不断扩大，寺中僧侣一度破万，名噪一时。哲蚌寺初名为“白登哲蚌寺”，后来简称“哲蚌寺”，寺名中的“白登”藏语意为祥瑞庄严，“哲蚌”即为“米堆”，故而可以称其为“堆米寺”或“积米寺”。

来到哲蚌寺，可以找到热情的喇嘛做向导，他们将带你细细品味这座古寺的每一处风景。从大门进入寺院之中，随着山势向高处攀登，大大小小的经堂错落有致，分割出来许多院落，仰面望去，蓝蓝的天空下面那些高耸的佛殿是核心的建筑，占据着崇高的地位。其中措钦大殿高居首座，罗赛林扎仓、德阳扎仓、阿巴扎仓、郭芒扎仓四大僧院环列四方，甘丹颇章及29个康村点缀其间，犹如群星璀璨。

石阶由青石板铺成，沿着地势的起伏上升或者下降。

在喇嘛的引导下，寻着诵经的声音，步入扎仓。哲蚌寺中最大的僧院就是罗赛林扎仓，占地1800多平方米，此处聚集着寺中最多的僧众，下辖的23个康村常来朝拜。这座扎仓主要由经堂和佛殿组成，经堂宽敞明亮，102根柱子笔直挺立，两边经架上佛教经典浩如烟海。背后强巴佛殿面阔三间，殿中各种彩绘图案琳琅满目，光艳照人，大小佛像姿态万千，惟妙惟肖。其他3座大扎仓与罗赛林扎仓布局大致相同，从规模上依次递减，但是内有千秋，值得细细品味，慢慢游览。此外每个扎仓都有两个辩经场，常常可以看到僧人们辩经的场面。

廊柱色彩明艳，棱角分明，纹饰十分精美，吸引着来客的眼球。

接着来到极乐宫，也就是甘丹颇章。曾经作为西藏的政治中心，甘丹颇章一直是寺院管理层的驻地，从独立的建筑风格就能看出它重要的权力地位。甘丹颇章如同一座城堡，屹立在寺院之中，四周高墙耸立，遮盖着内部的秘密。穿过前门庭院，踏上

殿堂高耸，屋顶上满是金光灿灿的饰物，在蓝天下更加明艳照人。

旅游小贴士

地理位置：西藏拉萨市

最佳季节：四季皆宜

开放时间：09:00 ~ 17:00

旅游景点：措钦大殿、甘丹颇章宫、辩经场

石刻上许多都带有藏语佛经，仿佛一封封僧人写给佛祖的信。

27 级台阶，来到殿中大院，院中屋舍锦簇，二层处理政教事务，三层达赖喇嘛居住，上下一体，层层递接，庄严肃穆。

寺院中最为崇高的乃是措钦大殿。站在辽阔的广场上看去，17 级石阶上 8 根廊柱顶天立地，色彩明艳，引人注目，回廊壁上唐卡彩绘使人目不暇接，雕梁画栋和张开的歇山式屋顶徐徐铺展，金顶黄灿灿的，光芒闪烁，气势恢宏。殿堂四层拔地而起，直指苍穹。底层经堂宽敞，石柱林立，长明灯光下鎏金铜像闪闪放光，悬幢帏幔也流光溢彩，分外好看。大殿后面塔佛并立，使人叹为观止。二楼藏书丰富，经书典籍十分珍贵，具有很高的研究价值。再向上，三层有一“强巴通真拉康”小殿，属于清朝遗迹，为历史留下一笔。顶楼释迦佛殿中 13 座银塔簇拥释迦牟尼法像，侧殿内历代祖师和罗汉低身臣服，整座大殿呈现出一派万佛朝宗的气象，蔚为壮观。

欣赏到此，如果碰巧赶上了“雪顿节”，那就锦上添花了。每逢藏历六月三十日那天起，僧人们将安居在寺内，几十天不出庙，免伤虫蚁，因此当地人纷纷来为他们奉上酸奶宴。这就是雪顿节的由来。现在的内容变得更加丰富多彩，巨幅唐卡佛像纷纷展出，让人大饱眼福，还有各种宗教活动和藏戏表演，层出不穷，蔚为壮观，只有身临其境，才能真正体会到这样的感觉。

仰望寺院后的山坡上，各种佛像彩绘到处可见。